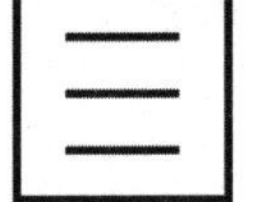

Georgi Gospodinov

8 Minuten und 19 Sekunden

Erzählungen

Aus dem Bulgarischen
von Alexander Sitzmann

Literaturverlag Droschl

8 Minuten und 19 Sekunden

In der Minute, in der du diesen Text zu lesen beginnst, kann die Sonne bereits erloschen sein, du weißt es nur noch nicht. Dir bleiben noch 8 Minuten und 19 Sekunden, bis dich die Nachricht von ihrem Tod erreicht. So lange braucht das Licht auf seinem Weg. Danach wird es dunkel. Bis hier sind 9 Sekunden vergangen. Was kannst du tun? Schnell, pack die wichtigsten Dinge zusammen, Telefon, Geld, Pass. Warte mal, willst du verreisen? Vergiss das Gepäck. Ruf deine Familie und Freunde an, sie wissen es noch nicht. Verkünde das Ende der Welt und erzähl von den geschenkten (mittlerweile weniger als 7) Minuten, von denen sie nichts ahnen. Sag ihnen, sie sollen sich sofort auf den Weg machen, wenn sie in der Nähe sind … wohin … einfach zusammen sein … keine Chance in 7 Minuten. Sie sollen bleiben, wo sie sind, und sich unter dem Tisch verstecken. Alles Quatsch. Ich habe keine Erfahrung mit dem Erlöschen der Sonne. Das ist nicht so, wie wenn der Strom ausfällt. Sag ihnen, dass du sie liebst und ihr euch auch im Dunkeln finden werdet. Was noch? Du würdest gern deine Lieblingsspeisen ein letztes Mal probieren, aber die Zeit reicht nur noch für ein Löffelchen Kirschkonfitüre aus dem Kühlschrank. Die Katze hat sich irgendwo verkrochen. Sie weiß es auch. Du öffnest das Fenster. Draußen vergeuden die Menschen die letzten Minuten Sonnenlicht. Du würdest am liebsten schreien. Verflucht, seht ihr denn nicht, dass das Licht nicht mehr dasselbe ist?! Du tust es nicht. Und was dann? Stieben die Planeten auseinander, laufen die Ozeane über, bricht ein ewiger arktischer Winter herein? Und passiert es sofort, oder haben wir noch ein bisschen Zeit? Noch ein paar Minuten, eine Stunde in undurchdringlicher Dunkelheit? Bist du noch hier? Lass uns zusammen die letzten Sekunden herunterzählen – dreizehn, zwölf, elf (ich schreibe sie absichtlich aus, um es in die Länge zu ziehen), zehn, neun, acht, sieben, sechs, fünf, vier, drei (halt dich fest und leb wohl, falls wir uns danach nicht wiedersehen), zwei, eins –

Wenn du den nächsten Satz liest, heißt das, die Sonne ist nicht erloschen. Nicht diesmal. Wann dann? Wir werden es genau 8 Minuten und 19 Sekunden später erfahren. Jetzt sind es schon weniger. Nachdem du bereits eine Apokalypse überlebt hast, kannst du es dir erlauben, die Sekunden Sonnenschein zu zählen. Und in den übrigen acht Minuten ein Auge auf diese Geschichte zu werfen. Ich habe sie so geschrieben, dass sie rechtzeitig zu Ende ist.

...

Eine Wolke verdeckte langsam den Himmel. Würde es Regen geben, oder war das das Ende? Diese präapokalyptischen Tage waren unbeschreiblich. Chaos, Getöse, umherirrende Tagediebe, Familien, die ihre Sachen packen, als könnten sie irgendwohin. Ein sonderbarer Jahrmarkt der Eitelkeiten, ein Bild wie aus dem vorletzten Jahrhundert, Thackeray, Dickens, Schreie, Verkehr, Stimmengewirr, echte Belebung vor der bevorstehenden Friedhofsruhe. Und trotz der vorangegangenen, nicht eingetretenen Vorhersagen (ganze zwei erfolglose Anläufe für eine Apokalypse) schien jetzt alles immer überzeugender dorthin zu führen, zum Ende. Man konnte es auch nicht mehr verheimlichen. Sogar der Auftritt zweier globaler Veteranen, des bereits ergrauten Mister Obama und Frau Merkels, dieser eisernen Alten, brachte keine merkliche Veränderung. Beide

versprachen, das Ende der Welt würde möglichst lange kontrolliert aufgeschoben werden. »Ein kontrolliertes Ende der Welt«, lächerlich. Apokalypse tröpfchenweise.
Alles erwartete den Sonnenuntergang des letzten Tages, so hatte ihn die Straße getauft. Es hieß, der Sonnenuntergang selbst sei von unmenschlicher Schönheit, wie Euthanasie, eine Narkose, nach der das Ende kommt. Es gab natürlich auch Skeptiker, die bereits einige aufgeschobene Apokalypsen überlebt hatten. Leute, die eher gelangweilt waren von der Unendlichkeit, die sich so in die Länge zog. Im Großen und Ganzen hatte man langsam die Nase voll, und das Leben auf der Erde war auch nicht mehr so verlockend. Wie dem auch sei, am vorhergesagten Tag hatte sich jeder, ob aus Gewohnheit oder aufgrund eines noch vorhandenen Instinkts, die Mühe gemacht, sich in einem Luftschutzraum aus dem vorigen Jahrhundert zu verstecken oder zumindest im Keller einzusperren. Die Reichen in speziellen Kapseln unter der Erde.
D. J. hatte beschlossen, im Städtchen Z. auf das Ende zu warten. Er kam früher, um noch ein bisschen durch die alten Straßen zu streifen, sich ein wenig an dem Tohuwabohu zu ergötzen. Sein ganzes Leben lang hatte er mit Sonnenuntergängen gearbeitet. Ich versilbere ihr Gold, wie er (immer seltener) bei den immer sporadischeren Treffen mit Freunden scherzte. Sonnenuntergängen verdankte er seinen Lebensunterhalt, seinen Tabak und seinen Ruhm. Er war ein Fotograf, der es verstand zu schreiben, eine eher seltene Kombination in diesem Metier, und die guten Blätter hatten ihn sich schon früh geschnappt. Doch gerade im Städtchen Z. begann vor vielen Jahren seine Karriere als Experte für das Taxieren von Sonnenuntergängen. Ja, den Beruf gab es wirklich, und er hatte ihn erfunden. In gewissem Sinne war es Zufall. Man hatte ihn nach Z. geschickt, um einen Voralpensee und seine schwindende Population von Blässhühnern zu fotografieren. Er war mit der Arbeit

schnell fertig, doch seine Hauswirte bestanden darauf, dass er bis zum Abend blieb, wegen des »weltdrittschönsten Sonnenuntergangs«. Später fragte er sich, wieso er eingewilligt hatte, er war damals knapp über zwanzig, hatte andere Ambitionen als Blässhühner und Sonnenuntergänge. Vielleicht forderte ihn dieses »drittschönster Sonnenuntergang« heraus, was für ein Unsinn. Er fragte, welche denn auf den ersten beiden Plätzen lägen. Sie wussten es nicht. Ihnen reichte auch der dritte, schließlich war Z. nicht die Copacabana. Der Sonnenuntergang war eine kostenlose Attraktion, die das Städtchen in Umsatz umzumünzen gelernt hatte. Ein spezielles Boot fuhr zum doppelten Tarif während des Sonnenuntergangs zwischen den Ufern des Sees hin und her. Die Tourismusbroschüren zeigten sich ebenfalls nicht verlegen, den dritten Platz im Ranking vermeintlich augenzwinkernd zu vermerken. Zum Teufel, wer bestimmt bei diesen Rankings, fluchte D. J. leise. Und im selben Moment fiel ihm ein, dass er derjenige sein könnte. Es gab natürlich Experten für Wasser, Luft, Öl und Bodenschätze, dort war das große Geld, aber sieh da, einen Experten für Sonnenuntergänge gab es nicht. Und jeder konnte sich nach Belieben einen Titel zulegen. Er fasste den Entschluss eher zum Spaß, warum sollte er es nicht versuchen? Aber ja. Jemand musste diese Rankings managen. Herumfahren, vergleichen, sich Kriterien ausdenken, eine Nomenklatur der Sonnenuntergänge. Price Sunset House, Qualitätsmanagement und Consulting …

Er hatte nicht erwartet, dass es so einfach sein würde, fast ein Kinderspiel. Die Städte rissen sich darum, ihn einzuladen, damit er ihren Sonnenuntergang beurteilte. Sie überwiesen ihm Summen unter der Hand. Er verteilte Punkte, bestimmte Ratings und konnte nicht glauben, dass ein lokaler Sonnenuntergang imstande war, so viele Leidenschaften zu wecken. Der örtliche Tourismus, Patriotismus und die Wirtschaft warfen sich ins Zeug, für jeden gab es etwas zu holen. Er fragte sich, wie weit er gehen könne, und versuchte vermeintlich nur, die Grenzen des Scherzes auszuloten, traf aber immer ins Schwarze. Besonders, als er die Europameisterschaft im Sonnenuntergang ausrief. War es möglich, dass sie auf so einen Unsinn hereinfielen? Sofort wurden aus beiden Amerikas und Afrika Unsummen für die Lizenz hingeblättert. Und bald wurde daraus eine Weltmeisterschaft. Ehe er sichs versah, hatte das Business all seine Erwartungen übertroffen und auch seine Wünsche. Er gab keine Interviews mehr, Schlagzeilen wie »Der Magnat der Sonnenuntergänge«, »Das Reich, in dem die Sonne immer untergeht«, »Der Scheich des roten Goldes«, »Der himmlische D. J.« und andere Blödheiten begannen, ihn zu ärgern. Er beschloss, dass es an der Zeit sei, aufzuhören, überschrieb alles an zwei Freunde und zog sich zurück. Unmerklich waren 20 Jahre vergangen. Die Welt hatte angefangen, vor die Hunde zu gehen, wie ein Greis, der trotz aller plastischer Operationen das fortgeschrittene Stadium seiner Krankheit nicht mehr länger verbergen kann.

Jetzt ging er durch die Straßen von Z., der Stadt, in der er begonnen hatte, Sonnenuntergänge zu Geld zu machen. Heute war der Tag, und wenn es geschehen sollte, dann wollte er den letzten Sonnenuntergang hier sehen. Er hatte noch ein paar Stunden, die Straßen waren fast leer. Ein Mann in einem Taucheranzug versuchte zu rennen, wobei er mit den Flossen über den Gehsteig patschte. Sicher war er nur ein wenig ausgegangen und fürchtete, die Sintflut könnte ihn auf der Straße überraschen. Für alle Fälle hatte er eine Harpune dabei. Weiter oben, auf einem kleinen Platz am Fuße des Hügels, redete einer der Propheten des Sonnenuntergangs der letzten Tage unzusammenhängendes Zeug und rief den immer seltener werdenden Passanten, die nur schnell nach Hause wollten, nach:

»Wohin so eilig, ihr armen Fledermäuse? Wovor lauft ihr davon … Fürchtet ihr etwa die Sonne? Kommt zu den himmlischen Illuminationen, ihr Feiglinge! Das gibt es nur ein Mal … Und ihr könnt es auch nicht in euren Scheißfernsehern sehen. Habt ihr's nicht begriffen, ihr Einfaltspinsel, jeder Sonnenuntergang ist ein Gleichnis der Apokalypse … Von wegen Kitsch, ihr Snobs, ein Postkartenmotiv, was? Aber jetzt werden keine Farben, nein, jetzt wird Blut aus den Wolken tropfen, weil das Opferlamm geschlachtet ist, so wie es geschrieben steht, ihr Trottel in den Einkaufszentren. Jeden Abend blutet dort oben die Heilige Jungfrau, das ist Jungfräulichkeit, ihr Perversen. Es gibt keine Unschuldigen unter euch. Wo habt ihr euch versteckt? Das Opferlamm ist schon geschlachtet, und sein Blut fließt in sieben Flüssen. He, was starrst du mich so an …«

D. J. lächelte unwillkürlich, denn er war es, den der Prophet anschrie …

»Grins nicht so blöd, du wirst die Apokalypse in der Hauptsendezeit sehen, in der Prime Time, du Schwachkopf …«

Er ging langsam bergauf. Dass er kein Heiliger war, wusste er selbst. Er hatte Geld mit etwas gemacht, das ihm nicht gehörte. Aber was war so schlimm daran, mehr Menschen dazu zu bringen, sich Sonnenuntergänge anzusehen? Besser so, als dumm vor dem Fernseher zu sitzen, da hatte der schon Recht. Die Werbekunden hassten ihn sicher, er nahm ihnen ziemlich viel Publikum weg. Es entstand eine ganze Bewegung von Sonnenuntergangsbetrachtern. Sunset gazing. Manche nannten sie »Sonnenesser«. Andere riefen sie geringschätzig »Glotzer«. Man erzählte, sie ernährten sich vornehmlich von Sonnenlicht, und das sei gerade bei Sonnenuntergang am nahrhaftesten. Der Sonnenuntergang als Bioprodukt.

Er erreichte den Hügel, von dem aus man die letzte Sonne am besten sehen würde. Auf der Welt waren nur noch sehr wenige

Orte übrig, an denen man einen richtigen Sonnenuntergang beobachten konnte – langsam sich entfaltend, mit dem ganzen restlichen Nachgeschmack, den Schatten und Widerscheinen. Freien Blick auf ihn zu haben und eine gute Fernsicht ohne Aerosole in der Luft, das war bereits eine absolute Seltenheit. Er war am richtigen Ort und im richtigen Alter, dachte er bei sich, um endlich in Ruhe einen Sonnenuntergang zu genießen, ihn bis auf den letzten Schluck auszutrinken und zu würdigen, nach all denen, die er im Vorübergehen gekostet hatte. Er hatte seinen Fotoapparat mitgenommen und sogar ein kleines Opernglas. Als ginge ich zu einer Premiere und nicht zum Saisonabschluss, sagte er sich. Er sah sich um, entgegen seinen Erwartungen war er nicht allein, noch ein paar andere Furchtlose hatten sich über den Hügel verteilt. Eine kleine Gruppe von »Sonnenessern« verneigte sich oben in Richtung Sonne. Ohne sie, dachte er sich, erwartet euch der Hungertod.
Er erinnerte sich, wie ihn sein Vater auf dem Weg zur Schule an der Hand hielt und ihm von jenen 8 Minuten und 19 Sekunden erzählte, die uns noch bleiben, nachdem die Sonne erloschen ist. Die schrecklichste und tröstlichste Sache der Welt. Einen Augenblick, nachdem der Sonnenuntergang alles überflutete, ging ein kaum merkliches Flackern über den monitorblauen Himmel. Es kam ihm so vor, als wäre das Licht nicht mehr dasselbe.
Die Farben waren irgendwie blass, er nahm das Opernglas, und selbst bei dieser lächerlichen Vergrößerung konnten seine Augen es erkennen … das Raster. Plötzlich zogen Wolken auf, die gleichsam mit riesigen, flauschigen Buchstaben schrieben: »Drittschönste Apokalypse der Welt«.
Wer, zum Teufel, bestimmt das, dachte sich D. J. und schloss die Augen.

Vor dem Hotel »Bulgaria«

»Halt still, ich werde dir noch das Ohr abschneiden!« Und die Schere schnipp, schnapp, schnipp, schnapp, schnipp, schnapp saust um mein Ohr herum. Ich-rüh-re-mich-nicht. Ich klammere mich mit aller Kraft an den braunen Lederstuhl, meine Hände schwitzen, ich kneife die Augen zu. Schnipp, schnapp. Die Schere kommt immer näher. Jeden Moment erwarte ich, schnipp, schnapp, dass das Ohr davonfliegt und ein warmes Rinnsal Blut meinen Rücken hinunterkriecht.

Ich bin sieben, was soll ich ein Leben lang ohne Ohr machen? Und mein Vater, der steht neben dem Herrenfriseur, tut nichts, unterhält sich mit ihm. Männergeschichten. Mit meiner Mutter spricht er nicht über solche Sachen. Bestimmt werden sie mir deshalb das Ohr abschneiden. Damit ich sie nicht belausche und ihre Geschichten ausplaudere.

Ich weiß, worüber sie sprechen.

Über … Frauen sprechen sie. Und warum es in den Geschäften kein Klopapier und kein Öl gibt. Und über den Nachbarn, von dem alle wissen, dass er die Leute belauscht, und über seine Frau, die sei nämlich eine stadtbekannte … Hier habe ich das Wort nicht verstanden, oder sie haben es irgendwie genuschelt …

Wann das war? Vor, vor … vor 53 Jahren. Genau dort, ganz dahinten war es … der Salon für Haarschnitte und Rasuren des Hotels »Bulgaria«. Meinen Vater und den Herrenfriseur gibt es schon lang nicht mehr, ihre Bärte wachsen irgendwo nach Herzenslust. Auch die Frauen, über die sie sprachen, gibt es nicht mehr. Lange Jahre sah ich später zu, wie ich bei jedem Haareschneiden auf dem Friseurstuhl älter wurde. Zwischen den Haarbüscheln, die zu Boden fielen, tauchten zuerst einzelne weiße Haare auf, später wurden es immer mehr. Um meinen Vierziger herum hatte das Weiß bereits die Oberhand gewonnen. Frisiersalons sind unser Waterloo. Die Haarbüschel, immer weißer, immer spärlicher, liegen auf dem Boden herum. Die Schlacht ist verloren.

Damals jedoch … Jeden ersten Sonntag im Monat sind wir hier, in diesem Salon. Der Stuhl ist riesig, sein braunes Leder ist hier und da ein wenig abgenutzt. Zuerst setzt sich mein Vater hin, später, wenn ich an der Reihe bin, legen sie mir ein Holzbrett unter, damit ich nicht versinke. Und die Folter beginnt. Wir können nur hierher kommen, weil mein Vater und der Herrenfriseur irgendwann einmal zusammen in der Kaserne gewesen sind. Das ist fürs ganze Leben. Brüder können sich zerstreiten, der Staat kann zusammenbrechen, aber bist du mit einem in der Kaserne gewesen – Schluss, aus, das ist für immer. Eigentlich war der Herrenfriseur kein schlechter Mensch. Das weiß ich jetzt. Damals jedoch war es jedes Mal, wenn wir den Frisiersalon des Hotels verließen, so, als würde ich auferstehen. Und mehrfach betastete ich meine Ohren, um zu sehen, ob sie noch da waren. Dieser Herrenfriseur sei ein großer Meister, sagte man. Er könne dir die Ohren abschnippeln, ohne dass du es mitbekommst. Und erst wenn du den Kopf bewegst, fallen sie dir in den Schoß.

Ich hasse es, zu spät zu kommen … Zu Verabredungen komme ich immer früher. Ich bin schon ewig nicht mehr hier gewesen, im Foyer des Hotels. Der alte Marmorboden, die Café-Konditorei (auch sie heißt natürlich »Bulgaria«), das Restaurant für Hochzeiten – ebenfalls »Bulgaria«. Und auf der Rückseite, der beste Konzertsaal – der Saal »Bulgaria«. Damit du auch weißt, wo du dich befindest. Diese Hotels sind immer im Zentrum, immer luxuriös. Jedenfalls luxuriöser als der Staat, nach dem sie benannt sind.

Während ich darauf wartete, an die Reihe zu kommen, immer nach meinem Vater, konnte ich die Hotelgäste beobachten, die ein und aus gingen. Es waren die 60er Jahre. Sie kamen aus einer anderen Welt, die meisten sprachen unbekannte Sprachen. Ihre Frauen waren schön, jaaa, das konnte ich mit meiner Erfahrung als Siebenjähriger sagen. Luxusweiber, wie die Männer im Frisiersalon sagten. Die ältesten von ihnen erinnerten sich noch an das Vorgängerhotel, das fünfzig Schritte weiter unten auf dem Boulevard gestanden hatte. Dort seien alle Schauspielerinnen des deutschen Vorkriegskinos abgestiegen, professionelle russische Revolutionäre aus der Zeit vor der Revolution trieben sich hier herum, um Waffen zu kaufen, Schaljapin höchstpersönlich mietete einen Monat lang die Suite mit dem Balkon und trat gegen Abend hinaus, um der Menge unten zuzuwinken. Hier, heißt es, habe fast ganzjährig der Reporter der »Times«, James Bourchier, gewohnt. Hier starb er auch in seinem Zimmer im Jahre 1920. Es wird viel gestorben in Hotels, aber darüber spricht niemand.

Der Herrenfriseur erzählte einmal, er habe einige Male den … (und hier zeigte er mit dem Finger zur Decke) höchstpersönlich rasiert, aber es war, als verstünden alle, wer gemeint war. »Ach, warum hast du ihm dann nicht …«, meldete sich eines der Großväterchen und brachte den Satz wieder nicht zu Ende, sondern fuhr sich nur mit dem Finger über die Gurgel. Ich kannte diese konspirative Sprache, wir befanden uns mitten im Sozialismus. Den Alten, der sich unvorsichtigerweise einen Scherz erlaubt hatte, habe ich jedenfalls nie wieder gesehen. Ich fragte meinen Vater, was wohl mit ihm geschehen sein mochte, und er führte nur die Finger vor dem Gesicht zusammen und drehte sie herum als Zeichen dafür, dass ich meinen Mund geschlossen halten sollte. So unterhielten sich die Menschen zu jener Zeit.

Noch fünf Minuten und es ist zwölf. War die Verabredung wirklich um zwölf, nicht vielleicht um elf? Nein, nein, wir haben uns auf genau zu Mittag geeinigt. Genau zu Mittag hat immer zwölf Uhr bedeutet. Und ich treibe mich hier auch schon seit mindestens einer Stunde herum. Wir können uns nicht verpasst haben. Ich gehe wie ein überfressenes Pferd auf den gelben Pflastersteinen auf und ab. Die gelben Pflastersteine – der Stolz der Stadt. Als man sie vor hundert und irgendwas Jahren herbrachte, zur Hochzeit des Zaren, bestanden alle anderen Straßen aus Dreck und Pfützen. Und nur hier, die ganze Straße und der kleine Platz vor dem Schloss – gelbe Keramikplatten. Und so was von beständig. Zwei Staaten haben sich seither zerschlagen, aber die gelbe Keramik ist immer noch da. Erst verjagte man den Zaren, der die Platten herangeschafft hatte, danach fiel auch das Zarenreich. Später erwies sich dann der Kommunismus als brüchig, aber die Pflastersteine sind immer noch dieselben.

Es ist schon zehn nach zwölf … Niemand steigt im Hotel seiner eigenen Stadt ab. Außer in außergewöhnlichen Fällen, wenn du dich mit deiner Frau streitest und die Tür hinter dir zuknallst. Aber auch dann gehst du nicht ins Hotel. Du betrinkst dich in der letzten noch offenen Kneipe, und wenn sie dich dort gegen drei rausschmeißen, machst du dich auf den Weg zum Bahnhof oder wachst zusammengerollt auf einer Parkbank auf, steif von der morgendlichen Kälte.
Einmal, nur ein Mal, verbrachte ich eine Nacht im Hotel »Bul-

garia«. Ich stehe nicht im Gästebuch. Ich war illegal hier, sozusagen.
Am 5. August 1968, abends, vierter Stock, das Personalzimmer ohne Nummer, neben dem Aufzug, mit dem Bettzeug, der Seife und den Besen. Ich war nicht allein. Ich verbrachte die Nacht mit einer Person weiblichen Geschlechts, Helma Laakkonen, einer neunzehnjährigen Finnin aus Helsinki, Jungmitglied der Kommunistischen Partei Finnlands. Was wir in dieser Nacht taten? Wir diskutierten die Herausforderungen für die progressive linke Jugend im Kampf mit den Provokationen des Imperialismus. So antwortete ich, als man mich zwei Tage später ins Polizeigebäude bestellte. Ich weiß nicht, wie sie es herausgefunden hatten. Sie hätten mich damals fertigmachen können. Ich kam dank des Herrenfriseurs davon, der dem Vorsitzenden die Haare geschnitten hatte und sich für mich einsetzte.

Helma Laakkonen. Die erste Frau in meinem Leben, mit der ich eine ganze Nacht verbracht habe, illegal, im Zentrum von Sofia, ungefähr hundert Meter von der Parteizentrale entfernt. Und wir sprachen nicht über die internationale Lage.
Wir hatten diese eine Nacht, die erste und letzte, am nächsten Tag endete das Festival, sie reiste ab. Finnland war eine andere Welt, und ich konnte nur davon träumen, mich einmal seinen Ufern zu nähern. Aber wir hatten eine ganze Nacht. Der Sohn des Herrenfriseurs, mein bester Freund, arbeitete als Elektriker im Hotel. Er schleuste uns hinein, es war auch für ihn ein Risiko. Wir durften nur ja kein Licht machen, und gegen fünf Uhr morgens mussten wir das Zimmer räumen.
Wir saßen im Dunkeln zwischen den Bergen von frisch gewaschenen Leintüchern. Niemals werde ich jenen Geruch nach Seife und Sauberkeit vergessen.

Alles in meinem Leben ereignete sich später genau so, wie wir es damals auf die Schnelle in jenem Servicezimmer im vierten Stock skizzierten. Wir werden auseinandergehen, und jeder wird die ihm vorherbestimmte Zeit mit einem anderen Menschen zusammenleben. Es wird ausreichend Zeit sein, um sich in sie zu verlieben, sagte sie, um euch an euren Kindern zu erfreuen, einander überdrüssig zu werden, in getrennten Zimmern zu schlafen, die Kinder werden groß werden und euch verlassen, ihr werdet euch leise trennen … Und bei dir, fragte ich. Sie zögerte ihre Antwort einige Sekunden hinaus, schließlich antwortete sie: Dasselbe, es ist immer dasselbe. Geben wir uns vierzig Jahre, und dann treffen wir uns wieder hier … Wir werden sechzig sein … Das Glück wird schon ein wenig aufgebraucht sein, man wird den Bodensatz sehen, so sagte sie, eines Morgens wird der Wecker klingeln und auf einmal werden wir uns erinnern …
Gut, also der 5. August 2008, im Foyer des Hotels oder davor, wenn es nicht regnet. (Ob ich es in jenem Augenblick nur im Scherz sagte oder wirklich daran glaubte …?) Um wieviel Uhr? Na, zu Mittag, genau zu Mittag. Bis dahin werden wir einander nicht kontaktieren. Wir gehen zu dieser Tür hinaus, leben und sehen uns 40 Jahre später wieder. Und wenn wir es vergessen, wenn wir nicht daran denken, fragte ich. Werden wir nicht, sagte sie.

Wenn du zwanzig bist, kannst du alles versprechen. Vierzig Jahre sind eine Ewigkeit, aber mit zwanzig bist du praktisch unsterblich …
Ich selbst hatte es nach einem Jahr schon fast vergessen. Ich verliebte mich, hatte Kinder, dann stürzte der Kommunismus in sich zusammen, wir hingen auf den Plätzen herum, später hingen wir wieder herum, alt geworden und enttäuscht, dann zog ich von zu Hause aus. Manchmal, spät abends, erinnerte

ich mich an jene endlose Nacht, die sich nie wiederholt hatte. Alles schien so unwirklich, als hätte ich es von Anfang bis Ende erfunden.
Bis eines Morgens der Wecker klingelte. Wortwörtlich, ich konnte mich nicht einmal daran erinnern, ihn gestellt zu haben, und ich begriff, dass genau vierzig Jahre vergangen waren.
Heute ist der 5. August 2008.
Ich habe eine Verabredung.

Aber sie ist nicht da. Ich weiß nicht, warum ich so sicher bin, dass ich sie erkennen würde, aber sie ist nicht da. Vielleicht hat ihr Wecker nicht geklingelt. Immerhin kann man sich eine gewisse Verspätung erlauben bei einer Verabredung, die vierzig Jahre, nachdem man sie getroffen hat, stattfindet. Alles kann in dieser Zeit passieren. Ich habe so viele Jahre gewartet, jetzt kommt es auf eine halbe Stunde auch nicht mehr an.

Worüber haben wir damals gesprochen … Hotels haben kein Gedächtnis, weil man die Leintücher wäscht … Jedes Mal müssen sie frisch sein, keine Erinnerung an die vorhergehenden Körper, nicht einmal ein Härchen. Bestimmt sind die Tapeten ebenfalls aus abweisendem Material. Auch das Leintuch unter uns wird ordentlich gewaschen werden, keine Flecken, keine Spuren. Es könnte später sogar jemand darauf sterben – am nächsten Tag werden sie es wieder waschen und es wird sein, als sei nichts geschehen. Irgendein Beamter, fahre ich fort, danach der Dirigent der Wiener Philharmoniker, ich habe gehört, dass er oft hier absteigt, werden auf denselben Laken schlafen, auf unseren … und niemand wird von dieser Nacht erfahren. Die Waschmittel werden immer besser, sagt sie und lacht.

Das ist sie nicht … Das auch nicht … Nur ein Mann geht seit etwa zehn Minuten auf und ab. Nicht, dass sie sich hier mit all ihren ehemaligen Liebhabern verabredet hat? Dass sie uns hat antreten lassen und uns vom gegenüberliegenden Park aus beobachtet? Ach du Schreck, der Mann kommt auf mich zu. Und er kennt meinen Namen. Ja, ich bin es. Wir sprechen auf Englisch. Dieser Umschlag ist für mich? Er sagt, er habe versprochen, ihn zu übergeben, schon vor Jahren. Frau Laakkonen ist bereits … Das höre ich nicht richtig.

Ich öffne den Umschlag und lese nur die ersten Zeilen … »Teurer K., seit einiger Zeit beunruhigt mich der Gedanke, dass ich möglicherweise eine Verabredung verpassen könnte, die wir vor 33 Jahren getroffen haben. Ich würde alles tun, um am 5. August 2008 zu Mittag vor dem Hotel ›Bulgaria‹ zu sein. Und ich werde es versuchen, aber die Ärzte räumen mir keine großen Chancen ein. Deshalb schreibe ich diesen Brief, welchen ich durch meinen Ex-Mann überbringen lassen werde, er ist übrigens ein anständiger und verantwortungsvoller Mensch und wird ihn überbringen, für den Fall, dass ich … Und so, in aller Kürze …« Ich drehe die Blätter um, das Datum am Ende lautet November 2001.

Soooo … Soooo … Sooo … Fehlt nur noch, dass ich hier zu heulen anfange wie ein siebenjähriger Junge. Und der Mann, der mir den Brief übergeben hat, hat sich taktvoll in nichts aufgelöst. Ich-rüh-re-mich-nicht. Als hätte mir der Herrenfriseur den ganzen Kopf abgeschnitten und ich weiß es nur noch nicht. Wenn ich mich rühre, wird er auf den Gehsteig kullern. Du hättest den Treffpunkt nicht ändern dürfen, Helma …

Jetzt werde ich mich zusammenreißen, werde hineingehen und mich auf den Weg zu den Aufzügen machen. Wichtig ist,

selbstsicher zu wirken. Niemand schaut so genau hin … Im vierten Stock, gleich neben dem Aufzug, das Zimmer mit der Wäsche und den Besen. Ich glaube nicht, dass sie es abschließen, wer wird schon Leintücher klauen. Ich werde hineingehen und die ganze Flüssigseife austrinken, das Putzmittel zum Bodenwischen und den Badreiniger. Mein Bauch wird sich mit Seifenblasen füllen … Die habe ich immer geliebt … Meine Seele wird in einer Seifenblase aufsteigen. Ich werde mich sauber und leicht fühlen. Der Tod kann auch gut riechen. Der Aufzug ist immer noch derselbe, ein »Schindler« von vor dem Krieg, mit Liftboy.
In den vierten Stock, bitte.

Gespenster

Ich erkannte seine Stimme sofort, als er mich anrief. Wir hatten nicht mehr miteinander gesprochen, seit er Bulgarien verlassen hatte, also seit genau 14 Jahren. Bestimmt besitzen wir ein gesondertes Zentrum im Gehirn für die Stimmen von Freunden. Wir saßen in derselben Bank, er war der König der Mathematik und eine Null in Literatur, ich genau das Gegenteil. Später entdeckte er die Computer der Marke »Pravec«, ich die Schreibmaschinen der Marke »Marica«. Noch ein wenig später, so gegen 1992, sagte er, dass er nie mehr in diesen Staat zurückkehren würde – und zog nach Kanada. Soweit ich aus den paar Mails, die wir ausgetauscht haben, wusste, war er jetzt führender Softwarespezialist in einem großen deutschen Institut. So war das damals, die Klassenbesten in Mathematik verließen das Land, und die Klassenbesten in Literatur blieben hier. Besonderheiten des internationalen Markts.
Und dieser Freund, der bis zu diesem Zeitpunkt wirklich nicht zurückgekommen war, rief mich also an. Er sagte, er sei für einige Stunden in Sofia, und fieberhaft begannen wir, einen Treffpunkt zu vereinbaren. Das Kino »Odeon« sagte ihm nichts (aber ja, sicherlich erinnerte er sich unter dem Namen »Družba« daran), ich spürte, dass er bei noch zwei, drei anderen Orten zögerte, die ich vorschlug, und als er am Ende meinte, wir sollten uns am Mausoleum treffen, nahm ich den Vorschlag automatisch an. Als Gastgeber, dem das Wo egal ist, solang es nur bequem für den Gast ist. Im letzten Augenblick, bevor ich auflegte, fiel es mir ein und ich schrie fast in den Hörer:

»Aber das Mausoleum gibt es nicht mehr, du weißt doch …« Er hatte bereits aufgelegt. Ich stellte ihn mir vor, wie er als erster am Treffpunkt erscheint, sich beunruhigt umsieht, sich fragt, ob er sich nicht im Platz oder in der Stadt geirrt hat. Ist es denn möglich, ein ganzes Mausoleum nicht zu bemerken? Ich stellte mir weiter vor, wie er sich letztlich überwindet und einen Passanten aufhält. Er sucht sich absichtlich einen etwas älteren aus, damit der sich auch erinnert. »Verzeihen Sie, wissen Sie zufällig, wo sich das Mausoleum befindet? Es muss hier irgendwo sein …« Der Passant sieht ihn argwöhnisch an – ist der verrückt, ist er Ausländer oder ist das schon wieder die versteckte Kamera? Und geht empört weiter.

Um ihm eine solche Situation zu ersparen, entschloss ich mich, mich zu beeilen, ich rannte geradezu und kam als erster am Treffpunkt an. Während ich wartete, wurde mir bewusst, dass ich nie hier stehengeblieben war. Ich fühlte mich merkwürdig, wie auf … einem Friedhof. Ich habe es immer geliebt, über Friedhöfe zu spazieren, besonders wenn sie alt sind und der Tod zu Natur geworden ist, zu Gras, zu Bäumen. Aber mein Gefühl an diesem Ort – ich hätte fast wieder Friedhof gesagt – ist ein ganz anderes.

Ein Friedhof für nur eine Person. Eine Residenz im Jenseits, in die bestimmt unsichtbare Delegationen von Verstorbenen zu offiziellen Besuchen vorsprechen. Protokollarisches Niederlegen von Kränzen, Unterzeichnen von Vereinbarungen zu beiderseitigem Vorteil, körperlose Umarmungen und Küsse … »Unsere Bruderländer … Für eine immer stärkere Zusammenarbeit und Festigung von … gegenseitige Hilfe … Frieden in der Welt … Widerstand gegen die imperialistischen Bestrebungen …« Ob sie dort immer noch so sprechen, in derselben hölzernen Sprache? Ob im Jenseits der Kalte Krieg weitergeht? Ob es ein Defizit gibt und das Paradies etwas wie ein Vorzeigeladen, ein ewiges Musterhaus ist? Das Jenseits hinkt eine

Generation hinterher. Das ist aber auch eine unangenehme Sache, wenn wir sterben, müssen wir in der anderen Welt erst wieder das System ändern.
Solche Dinge sah ich, während ich immer langsamer durch die kümmerlichen Alleen um den leeren Fleck des Mausoleums ging, wobei ich gespenstischen Delegationen den Weg freimachte.
In diesem Augenblick klopfte mir jemand auf die Schulter, ich drehte mich um, mein Freund sah mich glücklich und verwirrt an. »Ich hatte vergessen, dass sie das Mausoleum abgerissen haben.« Ich brauchte einen Augenblick, um aus dem »Jenseits« zurückzukehren, ich kam wieder zu mir, freute mich, umarmte ihn und sagte leise: »Von wegen sie haben es abgerissen, siehst du nicht, dass es immer noch hier ist …«

Einen Vater adoptieren

Der Knirps hatte einfach kein Glück mit den Vätern. Hier hatte überhaupt niemand Glück mit den Eltern, aber die meisten weinten nach Müttern. Das Heim, aus dem sie hierher kamen, hieß, warum auch immer, »Mutter und Kind«. Erstens, dort fehlte es an Müttern. Und zweitens, nur Mädchen wollen Mütter. Männer brauchen Väter. Aber ein Heim »Vater und Kind« gab es nicht. Und niemand konnte sagen, wieso. Die Väter kannst du vergessen, lachte die Köchin Ceca, seine Freundin. Er war schon sieben, einer von den Alten im Waisenhaus. Im ganzen Heim gab es nicht einen einzigen Mann außer dem Pförtner, Michail dem Invaliden. Der hatte nur einen Arm, aber mit dem anderen prügelte er für zwei. Er trug eine alte Uniformmütze, seinen leeren Ärmel hatte er sich in den Gürtel der Feldbluse gestopft, er sprach fast nicht, er prügelte nur. Wollte er dir hallo sagen, schlug er dir einfach in den Nacken. Das war seine Sprache. Er kennt nichts anderes, verteidigten ihn die Tanten. Alle machten einen Bogen um ihn. Er taugte überhaupt nicht zum Vater. Ein Vater schlägt dich nicht, wo immer er dich antrifft. Und der Knirps wollte so gern einen Vater haben. Er war schon viel zu alt, um noch adoptiert zu werden, ein richtiger Opa (sagte Ceca), und wer wird sich denn in diesen schweren Zeiten ein Pflegekind zulegen?

Und eines Tages sah er ihn, einfach so, während er aus dem Fenster des Zimmers starrte. Der große Kastanienbaum am Ende des Hofs. Er schlich sich am selben Nachmittag nach dem Unterricht hinaus und ging zu ihm. Er lief um ihn herum, betastete seine Rinde, betrachtete ihn von allen Seiten, wägte ab. Er taugte zum Vater, hatte alles, was nötig war, er war groß mit dicken Ästen. Viel größer als Michail der Invalide. Und er würde ihn nie schlagen. Ich werde dich adoptieren, sagte er zu ihm. Wenn man Kinder adoptieren konnte, musste es doch auch umgekehrt mit Vätern funktionieren. Der Kastanienbaum erklärte sich schweigend einverstanden. Und so adoptierte der Knirps ihn. Jeden Nachmittag ging er zu ihm, erzählte ihm von Ceko und Teko, den Zwillingen, die die Anführer in der Gruppe waren, vom dicken Najden, der einen Opa hatte und immer damit prahlte, wenn ihn sein Opa am Sonntagnachmittag abholte, von der Köchin Ceca, vom Kohlenkeller, wo sie ihn manchmal bestraften …

Eines Tages waren ihm die Zwillinge gefolgt und hörten, dass er mit dem Kastanienbaum sprach. Sie sprangen hinter seinem Rücken hervor und begannen, sich über ihn lustig zu machen. Beide waren lange Lulatsche, einen ganzen Kopf größer als er. Ich muss mal pieseln, sagte der eine, sie ließen die Hosen runter und pinkelten seinen Vater an. Das war zu viel. Der Knirps nahm Anlauf und schlug mit seinen kleinen Fäusten auf sie ein. Anfangs konnten sie es nicht fassen, dann packten sie ihn, drehten ihm die Arme um und verprügelten ihn, ohne darauf zu achten, wo sie ihn gerade trafen. Der Knirps ergab sich nicht, er versuchte zu treten und zu beißen, er wollte auf keinen Fall, dass sein Vater sich für ihn schämte. Nur gut, dass genau da eine der Tanten angeschneit kam und ihn rettete.

Aber das Schlimmste stand noch bevor. Gegen Ende des Jahres, spät im Herbst, begann der Kastanienbaum ganz zu verkümmern, seine Blätter setzten Rost an, bedeckten sich mit braunen Flecken, er wurde krank und vertrocknete. Man sprach davon, dass er ohnehin zu nichts tauge, sondern nur den Platz für eine schöne Baracke für die Kohlen wegnehme. Und eines Tages kam Großvater Stamo mit einer Benzin-

Kettensäge aus dem Dorf. Alle waren im Unterricht, als sie den Lärm der Kettensäge hörten, der Knirps ahnte sofort, was passieren würde, sprang aus seiner Bank auf, rannte aus dem Zimmer und stürzte zu dem Baum. Er zischte wie der Wind an dem verdatterten Michail vorbei und erreichte seinen Vater, bevor der Holzfäller seine scharfe Maschine hineinstoßen konnte. Er griff nach dem untersten Ast, zog sich hoch, stieg auf einen anderen, und binnen Sekunden war er oben auf dem Baum. Er stand wie ein erschrockenes kleines Tier zwischen den Ästen, zitterte und schaute zu dem Alten hinunter, der die Kettensäge ausgemacht hatte. Ich überlasse ihn euch nicht, rief der Knirps, dass ihr es wisst. Er hatte das Gefühl, solange er hier oben war, bei ihm, war sein Vater in Sicherheit. Unten begannen sich die Tanten zu versammeln, Michail ging unter dem Baum auf und ab wie ein Wolf und schüttelte den Kopf, aber mit nur einem Arm konnte er nicht hinaufsteigen. Es kam auch die Direktorin. Du kommst sofort da runter, befahl sie, und der Knirps sah den großen Eisenring an ihrer Hand. Alle hatten Angst vor ihm. Sie schlug nicht mit dem Stock wie die anderen, schlug nicht mit Fäusten wie Michail, sie verpasste einem nur mit dem schweren Ring eine Kopfnuss. Ich komme nicht runter, sagte der Knirps leise. Die Sache wurde kompliziert. Man konnte wegen so eines Lümmels doch nicht die Feuerwehr aus der Stadt holen. Michail knurrte immer wütender, und der Knirps wusste, was ihn erwartete, wenn er hinunterstieg. Dann wechselte die Köchin Ceca, seine Freundin, einige Worte mit der Direktorin und rief ihm etwas zu. Wenn du jetzt heruntersteigst, kommst du noch einmal drum herum und wirst keine Prügel beziehen. Schau, auch die Direktorin wird es dir sagen. Die Direktorin nickte. Der Knirps schwieg ein wenig und schüttelte den Kopf: Nein. So leicht würde er seinen Vater nicht verraten. Ich werde hinuntersteigen, sagte er, wenn ihr versprecht, dass ihr ihn nicht niedermacht. Zwei der Tanten überkam das Lachen. Und Großvater Stamo mit der Kettensäge soll nach Hause gehen. Ich schlag dir den Schädel ein, rief die Direktorin, aber Tante Ceca sagte etwas zu ihr. Gut, sagte die Direktorin, Großvater Stamo geht, und du kommst herunter. Der Alte schulterte die Kettensäge, zog seine wattierte Jacke an und machte sich langsam auf den Weg in Richtung Dorf. Der Knirps zögerte noch einige Minuten. Ob sie ihm auch die Wahrheit sagten? Alles wird gut, sagte er zu dem Baum, streichelte den Ast, auf dem er saß, und machte sich langsam daran hinunterzusteigen. Er musste ohnehin schon dringend aufs Klo. Noch in dem Augenblick, in dem er einen Fuß auf den Boden setzte, spürte er bereits Michails eisernen Griff. Er schleppte ihn zum Kohlenkeller, wo die Strafkammer war, so nannten sie sie. Ceca die Köchin folgte ihnen und sagte zu Michail *keine Schläge*, die Direktorin habe es angeordnet. Und wirklich, wie durch ein Wunder schlugen sie ihn nicht, sie sperrten ihn nur dort unten ein. Aus dem kleinen Fenster konnte man den Hof sehen, und zehn Minuten später vernahm er bestürzt das Geräusch der Kettensäge. Sie hatten ihn belogen … Er verstopfte sich die Ohren, kniff die Augen zu und sank in der Ecke zusammen, er wollte nicht hören und sehen, wie sie seinen einzigen Vater niedermachten.

Seinen zweiten Vater fand der Knirps im folgenden Jahr. Er war schon acht. Sie brachten eine Büste von Stalin ins Heim. Neu, schön, aus Gips, ganz wie in echt. Bei der Enthüllung der Büste sagte die Direktorin, dass Stalin der Vater aller Völker sei. Und so nistete sich das Wort *Vater* in seinem Kopf ein. Wenn er Vater ganzer Völker war, dann war er zumindest auch ein bisschen, zu einem Ameisenanteil, sein Vater. Immer fand er einen Grund, um ihn herum zu sein, und wenn sonst keiner da war, wagte er es, ihn zu berühren. Diesmal traute sich keiner, sich über ihn lustig zu machen, alle fürchteten sich vor

seinem Vater. Zu Neujahr 1956 schenkten sie ihnen von der örtlichen Fabrik Spielsachen – Puppen für die Mädchen und Gewehre für die Jungen. Stimmt schon, dass es Ausschussware war, die Köpfe der Puppen übermäßig aufgeblasen und die Läufe der Gewehre krumm, aber wen interessierte das. Und nachdem am Abend alle ins Bett gegangen und sogar Michail eingeschlafen war, stand der Knirps auf und ging zu Papa Stalin, um ihm das Gewehr zu zeigen. Er wusste, dass sein Vater etwas von Waffen verstand, er war Generalissimus, der oberste auf der Welt. Und sein Vater betrachtete das Gewehr verständig, mit leicht zusammengekniffenen Augen. Es war sein schönstes Neujahr, zum ersten Mal bekam er ein Geschenk und verbrachte einen ganzen Abend mit seinem Vater. Vier Monate später, als er eines Morgens wie immer losrannte, um seinem Vater Guten Morgen zu sagen, blieb er wie angewurzelt vor dem Lehrerzimmer stehen. Sein Vater war weg. Das Postament, auf dem bis gestern noch die Büste gestanden hatte, war jetzt leer. Es gab niemand anderen, den er hätte fragen können, außer der Köchin. Was sie ihm erklärte, verwirrte ihn völlig. Zuerst einmal stellte sich heraus, dass sein Vater schon vor drei Jahren gestorben war, aber darüber sprach niemand im Waisenhaus. Die Lehrerin behauptete, dass er am Leben sei, dass er sich um uns kümmere, dass … Und zweitens, plötzlich erfuhr man, dass er gar nicht so gewesen sei, wie wir es von ihm gedacht hatten. Aber mehr wollte sie ihm nicht sagen.
Das ganze Frühjahr über konnte der Knirps nicht begreifen, warum sie die Büste seines Vaters, des Generalissimus, entfernt hatten, soeben hatte er das Wort fließend auszusprechen gelernt, konnte er denn so ein schlechter Vater für die Völker gewesen sein? Für ihn war er gut.
Der Sommer ging vorüber, es kam der Herbst, sie verlegten ihn ins Waisenhaus für die Großen, und der Knirps sah sich immer noch nach einem passenden Vater um. Er wollte es noch

einmal versuchen. An den Sonntagen, wenn weniger Leute da waren, schlich er sich heimlich durch ein Loch im Zaun hinaus und streifte durch die Umgebung. Das Heim lag isoliert am oberen Ende des Städtchens, weit weg von den letzten Häusern, meist war keine Menschenseele in der Gegend. Und eines Tages tauchte vor ihm wie aus dem Nichts ein Hund auf. Bestimmt hatte man ihn von irgendwo weggejagt. Der Knirps ging zu ihm hin, er rührte sich nicht, er erschrak nicht. Er umarmte ihn. Zum ersten Mal umarmte er etwas, das warm und lebendig war. Sein Papa der Kastanienbaum war hart beim Umarmen, Papa Stalin kühl, aber sein neuer Vater war warm, mit einer feuchten Nase und weichem Fell. Er band mit Draht einige Zweige zusammen und baute ihm im Gebüsch an der Straße eine Hütte. Er begann, sich jeden zweiten Tag davonzustehlen, überwand den Zaun, brachte aus der Küche ein wenig trockenes Brot mit, die beiden saßen zusammen und unterhielten sich. Er erzählte ihm von der Lehrerin, die sie eines Tages direkt aus dem Klassenzimmer mit dem Jeep abgeholt hatten und die nie mehr zurückgekehrt war. Davon, wie sie ihm einmal sagten, er solle hinuntergehen, weil seine Mutter und sein Vater auf ihn warteten, und dass er doch eigentlich wusste, dass sie nicht existierten, aber trotzdem barfuß die Treppen hinunterrannte, und nachher stellte es sich als Irrtum heraus, es waren die Eltern des anderen Dimčo. Am Ende erzählte er ihm auch von der schönen Lena mit den traurigen Augen, die ihn immer ansah, worauf er aber nicht reagierte. Sein Vater hörte ihm nur zu und sah ihm direkt in die Augen, niemand hatte ihn je so lange angehört. Während des Winters klaute der Knirps aus dem Keller eine sehr alte wattierte Jacke und brachte sie seinem Vater, damit er auf ihr schlafen konnte. Im Heim war es in diesem Jahr ebenfalls kalt, die Kohle reichte nicht aus, und er erzählte, wie sie begonnen hatten, zu zweit in einem Bett zu schlafen, um sich gegenseitig warmzuhalten.

Mit seinem dritten Vater lebte der Knirps lange und glücklich zusammen, ganze viereinhalb Jahre. Eines Tages im Frühling, als alles plätscherte und zwitscherte, fand der Knirps seinen Vater nicht in der Hütte vor. Er pfiff, sah sich um, fragte sich, wie er nach ihm rufen sollte, er hatte ihm keinen Namen gegeben. Paaapa … Er lauschte, hörte aber nichts. Paaapa! …, rief er lauter. Am Ende der Straße, an der Abzweigung zur Stadt, war ein Lastwagen zu sehen, der angehalten hatte. Er rannte mit aller Kraft dorthin, als er sich näherte, sah er die Leute mit den Gewehren, die um ihn herumstanden, und ihm wurde alles klar. Zwei von ihnen warfen gerade den Kadaver eines Hundes auf die Ladefläche. Was gibt's, Junge, rief ihm der eine zu, treiben sich hier noch andere herrenlose Hunde herum? Er drehte sich weg, damit sie ihn nicht sahen, denn er würde gleich losheulen, und machte sich auf den Rückweg. Er war schon 13, ziemlich in die Höhe geschossen, und sein Spitzname passte ihm wie ein zu kurz gewordenes Kleidungsstück. Er begann erst zu heulen, als er ihren Platz mit der Hütte erreichte. Er, der nicht geweint hatte, wenn sie ihn bei den Kohlen einsperrten oder wenn ihn Michail der Invalide verdrosch. Was waren das für Menschen, die selbst nicht zu Vätern taugten, dabei aber jeden Vater, den sie irgendwo sahen, umbrachten.

Am selben Tag beschloss der Knirps, dass er keine weiteren Väter adoptieren würde. Eine Woche später fand er im Keller zwei verlassene fast noch blinde Kätzchen und adoptierte sie. Jetzt war er selbst ein Vater.

Das Ritual

Für N. K.

Sie kommen!

Der Mann springt auf und geht das große hölzerne Tor öffnen. Plötzlich donnert die Musik los. Das Orchester! Sieben dunkelhäutige Männer in weißen Anzügen stehen ihm gegenüber, wie in einem mexikanischen Film. Die Sonne funkelt auf ihren Klarinetten und hochglanzpolierten Trompeten. Der Mann weiß nicht recht, was er sagen soll, man würde es ohnehin nicht hören, er tritt beiseite und lässt die Blasmusik vorbei. Der ganze Hof vor dem Haus ist in Grün gebadet, über dem Zaun hängen Decken und Geschenke für die Hochzeitsgäste. In der Mitte hat man eine lange Tafel mit Holzbänken zusammengezimmert, die bis zum Stall am Ende des Hofes reicht. Sie ist mindestens 30 Schritte lang. Die Tafel ist mit allerlei Tischtüchern gedeckt, was gerade im Dorf aufzutreiben war, aber auch dieses farbliche Durcheinander sieht schön aus. Alles sieht schön aus im Mai. Die Tische sind überhäuft wie zu einer Hochzeit. Und es ist auch eine Hochzeit. An prominenter Stelle streckt die Ballonflasche zu fünfzig Litern die Brust heraus, der ganze Stolz des Gastgebers. Bald füllt sich der Hof mit Menschen. Jeder hat etwas aus seinem Garten gepflückt, zumindest Blumen gibt es im Überfluss. Die Hochzeitsgäste sind mit Kleidungsstücken herausgeputzt, die sie nicht jeden Tag aus dem Schrank holen, wie unschwer an den makellosen Bügelfalten und am präparierten Gang zu erkennen ist. Weißhaarige Männer in blauen, aus der Mode gekommenen Anzügen. Ältere Frauen in mittlerweile zu engen zweireihigen

Kostümen und Lackschuhen mit Schleife. Nirgends sind junge Menschen zu sehen. Stimmengewirr und Rufe.
Miče, in welche Klasse geht euer Dančo jetzt? Oh, der arbeitet schon seit zwei Jahren in Deutschland. Onkel Rajko, ich habe dich seit mindestens zehn Jahren nicht mehr gesehen, seit der Beerdigung von Tante Jana. Ach, da war ich gar nicht, also wird es länger her sein.
Begrüßungen, Umarmungen, Küsse, Aufzählungen von Lebenden und Toten …

Stooop!

Das Stimmengewirr verstummt plötzlich, und alle sehen nach oben, von wo die Stimme kommt. Vom Balkon des Hauses aus, wie ein Deus ex machina, ruft die Regisseurin, eine kleine, dreißigjährige Frau (spätes Debüt) ins Megaphon.
Zehn Minuten Pause und wir gehen noch einmal an den Anfang. Das Orchester soll bitte nicht stehenbleiben, sondern schneller nach drinnen abziehen, damit Platz für die übrigen Hochzeitsgäste ist.
Eine Hochzeit wird gefilmt. Und das Filmen einer Hochzeit ist wie das Ausrichten einer Hochzeit.

Am Abend hat man die Statisten für letzte Instruktionen auf dem Dorfplatz versammelt. Sie müssen mit ihren neuesten Festkleidern kommen, die sie am nächsten Tag auf der Hochzeit tragen werden. Als die Regisseurin vor sie hin tritt, traut sie ihren Augen nicht. Vor ihr stehen 40 Personen, als hätte man sie direkt aus einer Wochenschau der 1960er oder frühen 70er herausgeholt. Damals irgendwann haben sie sich einen Anzug für die Hochzeit machen lassen, später haben sie in diesem Anzug ihre Söhne und Töchter verheiratet, sie haben ihn noch zwei, drei Mal zu fremden Hochzeiten angezogen, und das

- [ ] Bitte senden Sie mir regelmäßig Informationen über Neuerscheinungen in Ihrem Verlag:

e-mail-Adresse: ....

- [ ] Weil meine eigentlich bestens sortierte Buchhandlung folgende Droschl-Titel nicht lagernd hat, bestelle ich hiermit:

....

....

....

Name ....

Adresse ....

....

e-mail-Adresse: ....

Literaturverlag Droschl A-8043 Graz Stenggstraße 33 Tel: 0316/32-64-04 info@droschl.com www.droschl.com

An den
Literaturverlag Droschl
Stenggstraße 33

A-8043 Graz

Sind Sie
interessiert?

war's. Er wird höchstens noch ein Mal von Nutzen sein, wenn sie ihre letzte Reise antreten. Sie betrachtet sie, wie sie in der Abenddämmerung versammelt auf dem Dorfplatz stehen, vor dem Kulturzentrum mit dem ehemaligen Kino, neben dem Denkmal für den örtlichen Partisanen, längst abgebröckelt, im Hintergrund die mit Unkraut überwucherte Schule, Treffpunkt für Ratten und Nachtgespenster. Vor dem Kino steht noch eine zur Seite gekippte, abgeblätterte Tafel mit der Aufschrift *Die neuen Filme von heute*, ganz vollgeklebt mit Todesanzeigen. Ein anderer Film, ein anderes Kino. Deshalb wählte sie für die Dreharbeiten auch nicht das Dorf ihres Großvaters, es wäre dasselbe gewesen und noch schlimmer, hier kennt sie zumindest niemanden. Drei Drehtage und sie fahren zum nächsten Set.

Was soll das denn? Der Kameramann ist ebenfalls verdutzt. Sie können doch nicht mit Anzügen von vor 40 Jahren kommen. Wir drehen hier keinen Beitrag über eine Epoche, verflucht, wir machen keinen Film über das Jahr 63 oder 72, wir filmen im Jahr 2007. Die Frau, die für die Kostüme verantwortlich ist, fragt sich, wie sie sich am besten verdrücken kann. Sie hat ihnen vor einer Woche gesagt, dass alle ihre neuesten und schönsten Kleider anziehen sollen. Woher soll sie denn wissen, dass sie keine andere Kleidung haben. Sie ziehen sich ein paar Schritte zurück, damit die Leute sie nicht hören. Wir filmen es so, wie es ist, sagt die Regisseurin am Ende. Wir können nichts tun, Kleidung können wir ihnen keine kaufen, am Morgen fangen wir an. So sieht es aus. Ja, wir haben 2007, und ja, sie haben ihre neuen Kleider an, sagt sie zum Kameramann. Hier ist es so, das kann man ruhig zeigen. (Der Kameramann filmt in letzter Zeit mehr im Ausland.)

So ist es sogar besser, meldet sich der Drehbuchautor zu Wort, der sich ohnehin nur untätig herumtreibt und überflüssig fühlt.

Man hört das freudige Summen von Menschen, die sich seit Ewigkeiten nicht mehr alle auf dem Platz versammelt haben. Hier ereignet sich ohnehin nichts anderes außer dem Wetter. Die Kinder kommen schon lang nicht mehr, sie sind ins Ausland verschwunden. Die Tochter ist nach Italien gegangen … Meine sind in England … Unsere sind in der Nähe, in Griechenland … Und der Sohn, ganz am anderen Ende der Welt, in Kanada … Als Olivenpflücker, Schwarzarbeiter am Bau, Reinigungspersonal in der U-Bahn, Pfleger von sterbenden Alten – darüber spricht man nicht.
Deshalb ist die Tatsache, dass das Kino selbst mitten auf den Dorfplatz kommt, ein Ereignis von außergewöhnlicher Größenordnung, das auch den letztjährigen Hagel in den Schatten stellt.
Sagt mal, Leute, wird der Film auch im Ausland gezeigt, ein dicker, weißhaariger Mann, den sie den Trester nennen, weil er den Schnapskessel im Dorf besitzt, läuft unruhig umher.
Weil sie im Ausland ja auch so verrückt nach uns sind, entgegnet ein anderer. Wenn man ihn zeigt, will ich meiner Tochter sagen, dass sie ihn sich anschaut, fährt der Trester fort. Wer hätte je gedacht, dass mich das Kino filmen würde, und das auf meine alten Tage. Wären sie mal gekommen, als ich noch jung war und gut aussah!
Der Drehbuchautor steht auf den Stufen des Kinos, hört ihnen zu und ärgert sich, dass er sich nichts zum Schreiben mitgenommen hat. Er stellt sie sich im Zuschauerraum dieses Kinos vor, um 40 Jahre jünger. Wie sie Sophia Loren und der Lollobrigida in die Augen sehen … So nah und doch so fern, wie es nur im Kino möglich ist. Wie die hiesigen Frauen, die das Dorf nie verlassen haben, an Gérard Philippe, Alain Delon und Gabin vorbeigehen, die in Trenchcoats durch Paris schlendern … Und jetzt sind sie alle hier draußen, auf dem Dorfplatz, zwischen den einstigen Filmen und diesem, der viel

zu spät kommt. Beim Casting für Statisten – das einzige, das sie immer gewinnen werden. Daraus könnte eine Geschichte werden, denkt er sich.

Morgen früh um acht, so, wie ihr seid, adrett gekleidet und fröhlich im Pironkov-Haus zur Hochzeit. Wir werden den ganzen Tag über filmen, bereitet euch vor, schloss die Regisseurin, und die Leute gingen langsam auseinander.

Acht Uhr. Das Tor steht offen, das Orchester dröhnt, der Hof ist voll mit den Leuten vom Dorfplatz. Woraufhin sie sie zurückschicken, damit sie noch einmal hereinkommen … Und noch einmal. Danach ordnen sie sie an der langen Tafel an, sagen ihnen, sie sollen nichts anrühren, so stehe es im Drehbuch. Sie sollen nur einen Schluck vom Schnaps nehmen, der vor ihnen steht. Und keiner soll in die Kamera schauen. Der Hausherr – ein Schauspieler, den manche von ihnen aus dem Fernsehen kennen – geht vorbei und stößt mit jedem einzeln an. Die Kamera folgt ihm, der Kameramann filmt mit der Handkamera.
Aber das ist ja Wasser, ruft einer von den Alten, ausgerechnet der Trester, mit solcher Bestürzung, als hätte man ihm Gift ins Glas getan. Und er spuckt auf den Boden aus.
Stooop … Was ist denn jetzt schon wieder?
Man hat mir Wasser statt Schnaps eingeschenkt, entgegnet der Alte, da ist ein Irrtum passiert.
Kein Irrtum, sagt der Kameramann, das ist Kino. Wie stellt ihr euch das mit echtem Schnaps vor? Ihr werdet ja schon bei der dritten Klappe betrunken sein. Der Trester hat eine undeutliche Vorstellung davon, was eine Klappe ist, und er hätte antworten können, dass er sowohl auf Schnaps als auch auf Klappen Wert legt, aber sei's drum. Und während die Kinoleute wegen der Rückkehr zum Anfang der Szene geschäftig

hin und her laufen, holt sein Nachbar einen Flachmann aus der Innentasche und gießt den beiden schnell einen Schnaps ein. Das beruhigt den Trester ein wenig, obwohl ihm der Schauspielberuf immer mehr wie Humbug vorkommt.
Entspannt euch jetzt, seid fröhlich. Ihr seid doch schon mal auf einer Hochzeit gewesen, ruft der Regieassistent. Sind wir, aber wir haben es vergessen, meldet sich jemand. Zuletzt habe ich vor 45 Jahren meine Tochter verheiratet, und die Enkel wollen schon nicht mehr.

In der Pause geht die Regisseurin zu Großmutter Dana, die selig auf ihrem Stuhl eingeschlummert ist, während sie am einen Ende des Hofs wartet. Sie wird die Mutter der Hauptdarstellerin spielen, also die Großmutter des Bräutigams.
Großmutter Dana, ruft die Regisseurin etwas lauter, um sie zu wecken. Bleib sitzen, du brauchst nicht aufzustehen … Am Nachmittag beginnen wir mit deiner Szene. Aber du bist ja ganz schwarz angezogen. Hast du nicht etwas Bunteres, dein Enkel heiratet.
Ich habe nichts, mein Kind, seit zwanzig Jahren habe ich nichts, seit mein Mann von mir gegangen ist. Und die Tochter ist auch ins Ausland gegangen, nur ein Mal ist sie zurückgekommen, ich habe niemanden, für den ich mich bunt anziehen könnte.
Komm, lass uns wenigstens das Kopftuch wechseln, sagt die Regisseurin und winkt das Mädchen für die Kostüme herbei. Da, such dir eines von diesen Kopftüchern aus, sie sind schön. Die Alte wühlt ein wenig in der Kiste und sucht sich wieder das Dunkelste aus, aber mit irgendwelchen roten Blättern darauf. Also gut, gut, die Regisseurin findet sich damit ab.
Und wo ist das Brautpaar, die Stühle sind leer, fasst sich die Alte ein Herz und fragt …
Es wird kein Brautpaar geben, Großmutter Dana.

Na, wie soll das denn gehen, eine Hochzeit ohne Brautpaar? Dann blast sie doch ab.
Naja, so ist der Film. Die Jungen leben in Kanada und werden dort heiraten. Der Junge ist einer von uns, das Mädchen von dort. Und weil es zu teuer ist, können sie nicht das ganze Dorf und die Verwandtschaft dorthin einladen, aber der Vater hat sich darauf versteift, dass er eine große Hochzeit will, wie früher einmal. Und er richtet hier mit dem Dorf und allen Verwandten am selben Tag eine Hochzeit aus, an dem sie dort heiraten. Hier ist es Nachmittag, in Kanada Morgen. Und wenn die beiden an den Niagarafällen die Ringe tauschen, das ist der Ort, für den sie sich entschieden haben, dann werden sie auf diesem Telefon anrufen. Damit ihnen die Hochzeitsgäste von hier aus zujubeln können und die beiden Hochzeitsfeiern sich vereinen. Aber das erfährt man erst am Schluss.
Es gibt nichts Schlimmeres, schüttelt Großmutter Dana den Kopf. Das Brautpaar dort und die Hochzeitsgäste hier.
Und Svetla ist deine Tochter, die Mutter des Jungen, deines Enkels Stanley. Deshalb wirst auch du an einem prominenten Platz am Tisch sitzen. Die Kamera wird dich oft einfangen, aber du brauchst nicht nervös zu sein.
Hab keine Angst, sagt Großmutter Dana, ich kenne die Kamera. Sie hat mich im Jahr 72 auf dem Feld gefilmt, wie ich Zwiebeln ernte, drei Reihen habe ich am Tag geschafft. Die Regisseurin lächelt und zupft das Kopftuch der Alten zurecht. Svetla, komm her, damit ich dich mit deiner Mutter bekanntmache.
Angenehm, sagt die Schauspielerin, während sie ihr die Hand gibt, mit der anderen klappt sie ihr Telefon zu.
Komm her, Töchterchen, sagt Großmutter Dana, nimmt ihre Hand, steht mit Mühe auf und küsst sie lange aufs Haar, danach beginnt sie, sie zu streicheln, ohne den Blick von ihr zu wenden. Du hast gut daran getan, dass du gekommen bist.

Svetla wirft der Regisseurin einen verwunderten Blick zu und erhält ein Zeichen mitzuspielen.
Dass wir uns noch einmal sehen, denn wer weiß schon …
In diesem Augenblick klingelt das Telefon der Schauspielerin, ihre Rettung, und sie entfernt sich schnell, wobei sie die Augenbrauen entschuldigend hochzieht.
Sie ist jung, ich erwarte nichts von ihr, sagt die Alte, während sie ihr nachschaut.
Die Regisseurin folgt der Schauspielern. Du schaltest jetzt das Telefon aus, sagt sie zu ihr, du bist nämlich bei der Arbeit und gehst zu Großmutter Dana, damit ihr euch kennenlernt, ihr spielt Mutter und Tochter. Sie ist dir in diesem Augenblick der nächste Mensch. Hör ihr zu, verhalte dich ein bisschen netter. Wenn es nicht aus deinem Inneren kommt, dann versetz dich in die Rolle. Kein Problem, antwortet die Schauspielerin.
Eine halbe Stunde später, als sie an ihnen vorbeigeht, sieht die Regisseurin, wie sich Svetla und Großmutter Dana wie Mutter und Tochter unterhalten, die sich seit Jahren nicht mehr gesehen haben. Etwas ist zwischen ihnen passiert. Beide kommen einander beim Sprechen zuvor, danach schweigen sie lang, dann umarmt Svetla sie wie ein Kind, tröstet sie, wischt ihr die Tränen aus den Augen. Ob sie in der Rolle drin ist, fragt sich die Regisseurin. Oder hat es sie schließlich gepackt, sie ist auch Mutter. Sie sieht sich nach dem Kameramann um, er sollte diese Szene einfangen, aus so etwas wird Kino.

Los jetzt, alle wieder zu Tisch! Wir bringen die gebratenen Lämmer herein. Ihr folgt ihnen mit dem Blick. (Sie stellen sie auf den Tisch – rot, gut durch, mit einer Kruste.) Keiner nimmt sich etwas, gibt der Regieassistent Anweisungen. In der Pause gibt es für jeden eine Brotzeit. Sie sind gestern gebraten worden, wir werden sie die ganze Zeit über für die Aufnahmen brauchen. Laut Drehbuch bleiben sie unberührt …

Hier wird der Drehbuchautor verlegen, müsste er es noch einmal schreiben, würde er eine Szene mit einem echten Gelage einbauen. Wer weiß, seit wann diese Leute keinen Lammbraten mehr gegessen haben.

In der nächsten Pause macht sich der Drehbuchautor an drei Großmütter auf der Bank draußen heran. Junge, bist du auch vom Film? Gerade erzähle ich Großmutter Kuma, dass alles von den Satellitenausbrüchen kommt. Seit sie eine Antenne über dem Dorf aufgestellt haben, träume ich nur noch böse Träume. Auch andere beschweren sich, Serien und Schmutz träumen wir, sagen sie … Das kommt vom Satelliten. Da oben fliegt etwas und schüttet alle Serien und den ganzen Schmutz in die Schüssel aus.
Sie projizieren es dir schon direkt ins Hirn, fügt die jüngste unter ihnen hinzu, sie trägt eine kirschrote Strickjacke. Dort drüben, auf den Hosenwetzer haben sie die Antenne gestellt, das ist das Werk vom Militär.
Was ist denn ein Hosenwetzer?
Der Hügel da drüben, der ist so steil, dass du, ob auf dem Weg hinauf oder hinunter, immer wieder auf deinem Hosenboden landest, antwortet Großmutter Kuma. Sie ist die älteste und war bestimmt für das ganze Dorf Trauzeugin. In der Hand hält sie ganz fest ein Vokabelheft, eines von den grünen, wie es sie früher einmal gab, mit Lenin auf dem Umschlag und dem Reiter von Madara auf der Rückseite. Jetzt zeig es dem Jungen schon, fordern sie die anderen Frauen auf. Die Seiten des Vokabelhefts, der Drehbuchautor kann sich gut daran erinnern, sind in zwei gleichbreite Spalten aufgeteilt – eine für das fremde Wort und eine für die Erklärung. Die Bestimmung dieses Hefts ist jetzt allerdings eine andere. Seit 50 Jahren schreibt die alte Frau in die linke Spalte die Neugeborenen – mit Name, Datum und kurzen Anmerkungen. *Bončo – 5. Mai 1965, schwächlich,*

aber er wird es schaffen. Dimčo – genau zum Demetriustag, was für ein dickes Kind und diese Grübchen. In der rechten Spalte schreibt sie genau so sorgfältig die Namen der Verstorbenen auf, mit der einen oder anderen Randbemerkung. *Großvater Vančo der Schönling – immer noch schön, die Haut straff wie eine Kerze, auf der einen Seite grinst er ein bisschen.*
Es ist zerfleddert wie das Notizbuch eines Halvaverkäufers, sagt die Alte, während der Drehbuchautor es aufschlägt. Auf den ersten Seiten sind beide Spalten, die linke und die rechte, gleich gefüllt, danach verwaist das linke Feld allmählich, das rechte ist immer dichter beschrieben. Und das Heft wird zu einem Buch der Toten. Das muss ich mir auch notieren, denkt sich der Drehbuchautor, etwas daraus machen.
Eeende der Pause …
Diejenigen, die den Verkehr umleiten, machen sich in beide Richtungen der Dorfstraße auf. Nicht dass jemand vorbeikommen würde, aber wer weiß, der Teufel ist ein Eichhörnchen. Die asphaltierte Straße ist durch Regen und Schnee aufgebrochen, mit riesigen Schlaglöchern, Flickwerk. Höchstens dass der Lastwagen mit dem Brot vorbeikommt. Einmal in drei Tagen bleibt er auf dem Dorfplatz stehen und verkauft Brot, Waffeln, und falls jemand es bestellt hat, auch Bier oder Minzlikör. Wenn jemand krank ist, fährt er ihn in die Stadt.

Schnitt, schreit der Kameramann. Schnitt, wiederholt die Regisseurin und dreht fragend den Kopf zum Kameramann. Was für ein anspruchsvoller Bastard. Was ist los?
Also so wird das nichts, ruft der Kameramann und begibt sich drohend zum einen Ende des Tisches. Ich mache eine Nahaufnahme, schwenke über die Gesichter, verharre auf dem Lamm, und es muss absolut unberührt sein, wir warten doch auf das Brautpaar. Aber hier ist die Keule angebissen, eine Unverschämtheit. In der Nahaufnahme sieht man alles.

Das Männchen, das auf der angebissenen Seite am Tisch sitzt, ist fast von seinem Stuhl heruntergerutscht. Das war ich nicht, nur dass ihr es wisst, sagt es schnell. Ich habe keine Zähne, da schaut … Und es fletscht seinen Kiefer vor dem Gesicht des Kameramanns.
Das stimmt, er hat keine, bestätigen auch die anderen ringsum.
Vielleicht ist ja in der Pause eine Katze vorbeigekommen, solang keiner Acht gibt. Hier sind die Katzen besonders boshaft. Vorgestern hätte mir fast eine ein Stück Wurst aus der Hand gerissen, sagt der Trester, der nach einigen Klappen Schnaps Mut gefasst hat.
Also muss es doch wieder auf die alte Art laufen, ich dachte ja, wir würden darum herumkommen, brummt der Kameramann, der offensichtlich Erfahrung mit solchen Szenen hat. Er sagt etwas zur Regisseurin, sie zuckt die Achseln und gibt zehn Minuten Pause.
Vier Mann von der Produktion tragen die gebratenen Lämmer hinters Haus. Dass du sie schön badest, ruft der Kameramann dem Chef der Requisite zu, der mit ihnen mitgeht.

Wenn es nicht läuft, läuft es nicht, ärgert sich die Regisseurin. Ruf die Leute zusammen, sagt sie zum Regieassistenten. Hört mir genau zu, das hier ist Kino, keine Hochzeit, und diese Lämmer sind Requisiten. Und auch morgen werden wir mit ihnen filmen. In diesem Augenblick werden die Lämmer zur Tafel zurückgebracht, und ein starker Geruch nach Dieselöl steigt den verblüfften Hochzeitsgästen in die Nase. Damit ihr nicht in Versuchung geratet, wurden die Lämmer mit Petroleum übergossen, fährt die Regisseurin fort. Mit Diesel – korrigiert sie der Kameramann. Mit Diesel – wiederholt sie.
Die Lämmer stinken widerlich. Das ist geradezu … Faschismus, flüstert der Trester empört seinem Schnapsnachbarn ins

Ohr. Kino, zuckt der Nachbar die Achseln, was soll man machen. Werden wir den Schnaps eben auf nüchternen Magen trinken. Noch können sie nicht glauben, dass all dieses zart gebratene Fleisch verschwendet werden soll. Eine große Sünde, sagt die Großmutter mit den Satellitenausbrüchen, eine große Sünde … Ein Lamm zu schlachten und es dann so zu ruinieren, das führt zu nichts Gutem. Wenn es nicht in ein, zwei Tagen hagelt, will ich Hasan heißen.
Die Regisseurin spürt, dass ihr der Enthusiasmus der Hochzeitsgäste abhanden kommt, und gibt dem Orchester ein Zeichen. Los, jetzt die Szene mit dem »Kuss«. Der Kameramann macht ein saures Gesicht, er mag es überhaupt nicht, wenn man seine Pläne über den Haufen wirft, aber er stellt sich hinter die Kamera. Auch die wird ihre Ausbildung auf meine Kosten abschließen, denkt er.

Schenkt jetzt allen Wein ein. Vorsicht, der Wein ist echt.
Uns kannst du mit Wein nicht erschrecken, lacht jemand.
Dann los, jeder hat ein Glas in der Hand, wir stehen auf, drehen uns zu den leeren Stühlen des Brautpaars hin und rufen gemeinsam: Einen Kuss! Einen Kuss! Wartet, noch nicht, erst wenn ich das Zeichen gebe.
Ton? Läuft. Kamera? Läuft. Das Ritual, Szene 97, die erste. Und Action.
Alle wenden sich zu den zentralen Plätzen in der Mitte der Tafel hin. Über dem einen leeren Stuhl hängt auf einem Kleiderbügel ein altmodisches Brautkleid, in ihm hat die Mutter einst geheiratet. Über dem anderen Stuhl der Hochzeitsanzug des Vaters. Es liegt etwas Gespenstisches in diesem Anblick. Durch die Tür des Hauses hat man das Festnetztelefon auf die Stufen herausgetragen. Der Vater nimmt den Telefonhörer wie zu einer Ehrenbezeugung ab und hält ihn in Richtung der Tafel. Der Regieassistent gibt ein Zeichen. Einen Kuss, beginnt

die Mutter zu rufen. Erst leise, dann immer lauter und lauter. Auch die Hochzeitsgäste stimmen ein. Einen Kuss … Einen Kuss … Die Rufe erfüllen den Hof.
Jetzt müssen sich die Jungen küssen, so verlangt es das Ritual. Aber die Jungen sind nicht da und die Rufe gehen weiter. Jeder ist in irgendeinen eigenartigen Zustand verfallen. Einen Kuss, schreit der Trester aus Leibeskräften, hünenhaft wie Borimečka, der Bärenbezwinger, so als wollte er, dass seine Tochter in Griechenland ihn hört … Einen Kuss, ruft Großmutter Kuma und wedelt mit dem Heft voller Toter herum. Einen Kuss, hört man kaum wahrnehmbar die Stimme von Großmutter Dana, die Tränen laufen ihr herunter und fallen in den Salat. Einen Kuss, einen Kuss, ruft am lautesten die Mutter des Bräutigams, ihre Stimme wird zerreißen, aber sie wird die Niagarafälle überschreien. Sie rufen nicht mehr, sie heulen.
Es vergehen bestimmt fünfzehn Minuten, aber keiner hört auf und keiner gibt ein Zeichen. Der Kameramann filmt nicht mehr, dreht sich zu der Regisseurin um, doch sie sieht ihn nicht an, sie steht wie erstarrt da. Sie hat immer gedacht, sie sei kühl, ein Stadtmensch, ein Profi, und jetzt spürt sie mit ihrem Bauch, dass etwas geschieht, etwas losbricht. Sie würde schrecklich gern mit ihnen rufen, in das allgemeine Heulen einstimmen, aber sie weiß, dass sie es nicht tun wird, es würde auch die Aufnahme ruinieren. Und wie Svetla schreit, sie könnte wetten, dass ihre Tränen echt sind, am Rande der Hysterie, irgendein aufrichtiges Mitleid mit sich selbst. Jetzt umarmt sie Großmutter Dana, ihre Mutter, um einander zu trösten. Alle heulen, starren auf die beiden leeren Stühle. Jeder hat einen solchen leeren Stuhl in seinem Haus. Eine Hochzeit ohne Brautpaar ist ein wahres Begräbnis.
Stooop … Stooop … Stooop … Sie hören es erst beim dritten Mal. Der Tonmeister hat die Kopfhörer abgenommen und ruft ihnen zu. Ein Flugzeug fliegt vorbei, es kommt mit auf die

Aufnahme. Aber wir haben es. Leute, was ist denn mit euch los? Eine halbe Stunde schreit ihr schon herum, mein Kopf platzt gleich. Wir haben es.
Stooop, ruft auch die Regisseurin. Die Stimmen verebben ungeordnet, eine nach der anderen, die Leute wischen ihre Brillen ab, gehen verlegen umher und putzen lautstark ihre Nasen mit großen Taschentüchern.

Die Regisseurin weiß, dass man den Augenblick ausnutzen muss, und führt sofort die nächste Szene ein. Der Vater hält das Mikrofon der Stereoanlage an den Telefonhörer, und alle erreicht das Rauschen der Niagarafälle, wo die Jungen sind.
Ach, was die Technik nicht alles fertigbringt, gerade so als wäre Kanada in deinem Hof und der Wasserfall ein Brunnen, ruft der Trester da. Gibt es keine Möglichkeit, auch uns durch die Kamera direkt an den Niagarafällen auszuschütten?
Aber war das der Wasserfall, fragt Großvater Stojčo erstaunt.
Der Wasserfall, ja, hast du's denn nicht gehört.
Nichts habe ich gehört, nichts ... Also wenn du nicht einmal die Niagarafälle hörst ..., lacht der Trester und winkt ab. He, und wo ist der kleine Asen, ihm fällt plötzlich ein, dass er mit seinem Enkel hergekommen ist.

Ein kleines Mädchen in einem weißen Kleid, so alt wie Alice, schaut unter die Tische, die lange Reihe bildet einen wundersamen Tunnel, und sie beschließt hineinzukriechen. Es sind ohnehin alle mit den Aufnahmen beschäftigt. Unter den Tischen ist eine andere Welt. Draußen hört man die Musik, Leute laufen hektisch hin und her, aber hier ist man im Verborgenen. Als befinde man sich im Bauch eines riesigen Tausendfüßlers mit all diesen Beinen zu beiden Seiten, und jedes Paar trägt andere Schuhe. In der Mitte des Tunnels sieht sie einen Jungen in ihrem Alter, sie kriecht zu ihm.

Hallo, es ist voll cool hier, sagt das Mädchen.
Hallo, wird der Junge verlegen, ich bin Asen, sagt er unvermittelt, weil er nicht weiß, was man auf »cool« antwortet.
Marta, das Mädchen, gibt ihm die Hand. Meine Mutter spielt die Hauptrolle, sie haben sie ein bisschen älter gemacht. Mit wem bist du hier?
Mit meinem Opa, antwortet der Junge, der da, und er zeigt auf die nächstgelegenen Beine mit einem Paar frisch gewichster Stiefeletten.
Ist deine Mutter auch beim Film dabei?
Nein, sie ist in Griechenland.
Klar. Hast du eine Freundin?
Das ist jetzt schon sehr direkt, und der Junge weiß nicht, was er antworten soll, um sich nicht zu blamieren.
Naja …, stammelt er und winkt ab, wie er es bei seinem Großvater gesehen hat, eine Geste, die man auf alle erdenklichen Arten deuten kann.
Wir haben uns ja getrennt, sagt das Mädchen mit besonderer Ernsthaftigkeit in der Stimme. Es hat zwischen uns irgendwie nicht funktioniert.
Aha, antwortet der Junge, während er ein Spielzeugauto mit einem abgefallenen Reifen in der Hand hält und zwischen den Tischtüchern hindurchschaut.
Ist das dein Vater, fragt er, wobei er auf den Schauspieler zeigt, der in diesem Augenblick die Mutter des Mädchens umarmt.
Nein, Dummerchen, sagt sie gönnerhaft, das ist der Mann meiner Mutter in diesem Film. Meine Mutter hat viele Männer in verschiedenen Filmen. Und außerdem umarmen sie sich nicht richtig.
Wie?
Naja so, sie berühren sich ja nur … wie in der Straßenbahn. Ohne Liebe. Wenn du es genau wissen willst, sie können sich sogar unecht küssen.

Hm …, sagt der Junge skeptisch, wie ist es denn unecht?
Schmatz, schmatz und fertig. Ein Job, du verstehst.
Und dein Vater …
Was soll mit meinem Vater sein, er ist ein intelligenter Mensch. Bei ihm bin ich samstags und sonntags. Lass uns etwas spielen, denn diese Dreharbeiten werden nicht so bald zu Ende sein.
Gut, sagt der Junge, was?
Na … wir spielen Film, was sonst?
Wie spielt man Film?
Ich bin die Frau und du der Mann. Hast du nie Filme geschaut? Und natürlich willst du mich heiraten.
Der Junge würde gern sagen, dass sie sehr schön ist und wie in den Filmen angezogen, und er mit dieser Strickjacke, die ihm sein Großvater am Morgen übergestreift hat, ist überhaupt nicht für eine Hochzeit angezogen …
Du kannst mir Geschenke und Komplimente machen.
Der Junge sieht sich um, aber außer dem kaputten Spielzeugauto hat er nichts anderes zu verschenken … Komplimente wiederum kann er überhaupt keine sehen. Bitteschön …
Sie betrachtet das Spielzeugauto kritisch, aber in dem Moment beginnen sie draußen mit aller Kraft zu rufen … Einen Kuss … Einen Kuss …
Oh, das ist für uns, sagt das Mädchen. Wir müssen uns küssen. Und schnell drückt sie die Lippen auf seine Wange. Der Junge hat das nicht erwartet, schreckt zurück und schlägt sich den Kopf am Tisch an.
Hat es wehgetan?
Nein, gar nicht.
Dann lass uns die Ringe tauschen.
Wir haben keine, sagt er.
Wir tun nur so, sagt sie.
Sie stecken sich die größten Ringe an, ihrer mit einem roten Diamanten in Herzform, seiner etwas bescheidener.

Jetzt sind wir Mann und Frau. Ich hoffe, wir werden nicht eifersüchtig aufeinander sein und uns gegenseitig die Karriere ruinieren …

Werden wir nicht, verspricht der Junge, ohne sicher zu sein, was genau er da verspricht. Aber ist das jetzt im Film oder in echt?

Beides, sagt sie und lächelt ihr schönstes Lächeln.

Aus. Wir haben's …, ruft der Kameramann. Okay, der Tonmeister hebt die Hand, ohne die Kopfhörer abzunehmen. Alle drehen sich zur Regisseurin um, die das Ende der Dreharbeiten verkünden muss. Sie jedoch sagt nichts. Es wird dunkel, die Statisten stehen da und geben keinen Laut von sich, irgendwo in der Ferne hört man kaum wahrnehmbar das Brummen eines Traktors, das nur der Tonmeister registriert. Warum beendet sie es jetzt nicht, sie macht sich wichtig, denkt sich der Kameramann.

Dass ich nur nicht zu heulen anfange, sagt sie sich immer wieder. Sie muss diesen Menschen etwas Nettes sagen, etwas Persönliches, ihnen für das »Einen Kuss« danken, sich für die Lämmer entschuldigen, sagen, dass dies ihr erster großer Film ist und sie überhaupt nicht weiß, ob etwas daraus wird, dass ihre Großmutter und ihr Großvater ebenfalls … Sie nimmt das Megaphon. Ende der Dreharbeiten, ich danke allen.

Das lebendige Bild rührt sich, lärmt los und zerfällt.

Ich weiß nicht, ob wir den richtigen Film aufgenommen haben, sagt sie am nächsten Morgen zum Drehbuchautor, bevor sie mit den Autos wegfahren.

Es war ihre letzte Hochzeit, antwortet er.

Die ganze Maschinerie des Kinos ist eingepackt und wartet. Der Fahrer zeigt sich durch das Fenster, um zu sehen, wo sie bleiben, der Himmel verdunkelt sich, der Hagel wird sie er-

wischen. Die Regisseurin dreht sich ein letztes Mal zum Dorf um. Eine Woche später fliegen sie zu den Niagarafällen.
Ein Jahr später, in einem Kino in Toronto, wird jemand in den hinteren Reihen ausrufen: Look, this is your grandpa, the one with the hat.
Über dem Hosenwetzer türmen sich Wolken auf, und es wird plötzlich kühl.

Das Alphabet der Frauen

Das Telefon klingelte, während ich auf der Veranda zum Hinterhof saß und zerstreut die leere, schwarze Straße betrachtete, die zur nächstgelegenen Landstraße führte, Gott sei Dank weit genug von hier entfernt. Ich hatte nicht die geringste Absicht, wegen jemandem, der die Frechheit besaß, zu Mittag anzurufen, aus meinem Stuhl aufzustehen. Ich hasse Telefone (deshalb habe ich mir auch kein Handy zugelegt), ich verabscheue auch ihr hässliches Rasseln im Film, wenn sie schon in der dritten Szene das Problem des Regisseurs mit der schleppenden Handlung lösen müssen. Ja, auch in Erzählungen klingeln sie, aber dort hört man sie wenigstens nicht.

Ich hatte die letzte Zigarette der drei Stangen, mit denen ich vor einem Monat hierher gekommen war, angezündet, und das verlieh dem Augenblick eine gewisse Dramatik. In zwei Tagen musste ich dieses Haus verlassen, in dem ich jeden Sommer abstieg und, das wage ich zu sagen, meine besten Sachen schrieb. Dieses Mal jedoch war ein absoluter Reinfall. Ich kam mit grandiosen Ideen für einen Roman an, die in der zweiten Woche auf den Anfang einer Erzählung zusammenschmolzen, bis auch der wie drei Stangen »Gitanes«, die ich zu einem Spottpreis (wer weiß, wie echt sie waren) gekauft hatte, bevor ich hierher kam, in Rauch aufging. Es war höchste Zeit, sich mit etwas Sinnvollem zu befassen – mit Gartenbau, Bienenzucht oder dem Verfassen von Werbeslogans für Coca Cola. Ich war ohnehin noch ein paar Erzählungen schuldig, die ich vor einiger Zeit leichtsinnigerweise einer Hochglanzzeitschrift versprochen hatte. Der Redakteur behauptete, sie würden die ganze Ausgabe meinetwegen zurückhalten, was ich vor einigen Jahren noch geschmeichelt als Kompliment genommen hätte, aber jetzt wusste ich, dass sicher auch sie mit den Texten hinterher waren. Ich rauchte die letzte Zigarette zu Ende, als das Telefon erneut klingelte.

»Ja«, packte ich die finsterste Stimme aus, zu der ich fähig war.
»Entschuldigen Sie die Störung, ich spreche doch mit Herrn …, nicht wahr?«, die Stimme war männlich, unbekannt und genau im richtigen Maße nervös. »Ich bedaure, Sie dort zu behelligen, Ihre Frau hat mir die Nummer gegeben …«
Ich wusste, dass ich mich nicht auf sie verlassen konnte.
»Eigentlich kennen wir uns«, fuhr er fort.
»Sie und meine Frau oder Sie und ich?«
»Nein, nein, Sie und ich. Es ist schon ewig her. Wir waren Schulkameraden und, ich denke, auch Freunde. Außerdem habe ich alle Ihre Bücher gelesen.«
»Naja, so viele sind es ja nicht«, es ist immer besser, zu Beginn solcher Gespräche ein wenig kühl zu sein.
»Sie erzählen schöne Geschichten. Ich habe mich ja noch gar nicht vorgestellt, Zdravko ist am Apparat. Können wir uns duzen?«
Es gibt Fragen, auf die man leicht mit ja antwortet, ohne zu ahnen, was sie nach sich ziehen werden. Zdravko, natürlich, wir waren wirklich einmal Freunde. Zett und Eszett, so nannte man uns in der Schule. Ich erinnerte mich mit einem gewissen Verdruss daran, mir gefiel es damals gar nicht, Eszett zu sein. Während man bei Zett sofort an Zorro dachte, wurde mein Spitzname, meinen ungarischen Vorfahren sei Dank, bestenfalls mit Eszet-Schokoladeschnitten assoziiert.
»Ich weiß, es passt gerade schlecht, aber könnte ich nicht viel-

leicht auf einen Sprung bei dir vorbeikommen, ich bin mit dem Auto unterwegs«, sagte Zdravko.

»Ich habe gerade ziemlich viel zu tun, ich schreibe ...«

»Ich weiß, es passt schlecht«, wiederholte er schnell, »nicht mehr als eine Stunde. Ich will dir eine Geschichte verkaufen. Ich brauche ...«

»Geld?«

»Nein, es geht nicht ums Geld. Ich brauche Hilfe ... mit der Geschichte. Außerdem, denke ich, bist du auch ein Teil von ihr.«

Dieser Mensch wusste, wie er mich einfangen konnte. Ich lud ihn ein vorbeizukommen, »aber wirklich nur für eine Stunde«. Er sagte, er werde eine Flasche mitbringen, »aber wirklich nur eine«, wiederholte ich. Bei der Gelegenheit würde er mir auch gleich Zigaretten mitbringen. Ich legte auf und dachte, dass genau so, völlig unschuldig, alle unangenehmen Geschichten anfangen – weil man zwei, drei Mal leichtsinnig ja sagt.

Die Phrase gefiel mir und ich schrieb sie mir schnell auf, bevor der Gast hier auftauchte. Während ich wartete, kam mir eine leicht paranoide Version in den Sinn, in der meine Frau den fraglichen Schulkameraden ausfindig macht, eine Legende für ihn ausdenkt (ob sie ihn nicht sogar dafür bezahlt?) und ihn schickt, um meine schriftstellerische Ehre zu retten. Ich geriet noch mehr in Fahrt, indem ich mir vorstellte, wie sie arbeitslose Frauen dafür bezahlt, als meine anonymen Verehrerinnen aufzutreten und mir einmal wöchentlich ihre Begeisterung am Telefon mitzuteilen. Die Gute ... Gut, dass das Geräusch eines Autos zu hören war, so dass ich an dieser Stelle aufhören konnte.

Zdravko, ja.

Er sah aus wie jemand, der wirklich gekommen war, um zu arbeiten, und das gefiel mir. Wir hatten uns gut zwanzig Jahre nicht mehr gesehen, aber als hätte es eine unausgesprochene Vereinbarung gegeben, übersprangen wir die sentimentalen Redeteile und kamen gleich zur Sache. Als eventueller Käufer der Geschichte, die ich zu hören erwartete, fragte ich zuerst nach dem Preis. Zdravko (der von hier an nur noch als Z. in Erscheinung treten wird) sagte, dass ich zuerst einmal die Ware sehen müsse, dann könnten wir über den Preis sprechen. Wir prosteten uns zu, und er begann.

»Die Geschichte ist sehr persönlich und könnte dir vielleicht überdreht vorkommen, verrückt, nenn es, wie du willst. Mein ganzes Leben habe ich nur eine Leidenschaft gehabt – Buchstaben und Frauen.«

»Ich habe dasselbe Problem«, warf ich ein. »Aber mal abgesehen davon, sind das nicht zwei Leidenschaften?«

»Nein, es ist anders. Und das Schlimmste ist, dass es ein und dieselbe Leidenschaft ist. Aber schön der Reihe nach, lass uns von vorn beginnen. Alles fing mit den Keksen meiner Mutter an, die sie speziell zu Ostern machte. (Ein bisschen Proust zu Beginn schadet nie, dachte ich mir, aber ich unterbrach ihn nicht, ließ der Erzählung ihren Lauf.) Jedes Keks hatte die Form eines Buchstaben. Ich kann mich deutlich erinnern, wie sie abends den Teig anrührte, ihn gehen ließ und sich am nächsten Morgen bekreuzigte und begann, die Buchstaben zu formen. Ich erinnere mich, mit welchem Eifer sie das G und das S zurechtbog, wie sie das Gitter des E anordnete, sie ließ nichts aus, nicht einmal Zett und Eszett. Bald lag das ganze Alphabet auf dem Backblech. Sie tat es mit solcher Leichtigkeit und … Frömmigkeit. Ich wusste, dass sie heimlich, ohne dass mein Vater etwas davon ahnte, die Bibel las, eine große Sünde zu jener Zeit. Mir war nicht bewusst, was diese gebackenen Osterbuchstaben für sie darstellten. Aber ich erstarrte immer, wenn sie sie aus dem Backrohr holte. Ich stand über dem Blech und betrachtete lange und verträumt ihre knusprig braunen Rücken. Irgendwann damals begriff ich zum ersten Mal, dass jeder Buchstabe seinen Körper und seine Kontur hat. Es lag etwas Fleischliches in ihnen. Und dieses Fleischliche sollte mich später den Kopf kosten.«

Eine kurze Pause und er fuhr fort:

»Mit dreizehn verliebte ich mich zum ersten Mal – verflucht ernst, schmerzhaft, unerwidert, wie man sich nur mit dreizehn verlieben kann. Sie hieß Anna, ich erinnere mich an sie, ja, eine Biologielehrerin, die soeben die Uni abgeschlossen hatte und in unsere entlegene Stadt geschickt worden war. Meine Mutter machte weiterhin jedes Jahr ihre geliebten Kekse, und ich aß immer zuerst das A und das N. Ich behielt die ersten Buchstaben ihres Namens im Mund, ließ keinen einzigen Krümel fallen. Die Buchstaben zergingen, als zerfiele ihr Körper zu Stärke, und ich schluckte ihn ganz langsam hinunter. Ob mir bewusst war, dass etwas Unstatthaftes darin lag, etwas Widernatürliches, »Teufelswerk«, wie meine Mutter sagen würde, ich weiß es nicht. Aber ich denke, es zeitigte ein Ergebnis. Fünf Jahre später, in der letzten Klasse des Gymnasiums (du lebtest bereits in einer anderen Stadt), bat sie mich, nach der Stunde noch zu bleiben, um ihr zu helfen, die Sachen in den Lagerraum zu bringen. Ich warf mir das klapprige Schulskelett über die Schulter, sie folgte mir, wir gingen hinein, und ich hörte, wie der Schlüssel im Schloss gedreht wurde. Sie stand mir gegenüber, betrachtete mich aufmerksam von unten nach oben – eine Minute, zwei, drei. Ich wäre fast geplatzt, ich fühlte mich nackter als das Skelett, das dümmlich neben mir stand. Ich wollte sie schon lang und war mir sicher, dass sie es wusste. Ohne ein Wort zu sagen, begann sie, langsam die Knöpfe ihrer Bluse zu öffnen, geschickt zog sie den BH aus, ihr Rock fiel schneller zu Boden, als ich erwartet hätte, und so blieb sie stehen, ohne sich zu nähern, ohne etwas zu sagen. Sie stand

absurd nackt inmitten der Reptilien in Formalin, dem präparierten Uhu, den beiden glasig glänzenden Schädeln und der strengen Büste Darwins, der in diesem Moment bestimmt bereit war, sich von jeglicher irdischen Abstammung der Arten loszusagen, weil dieser Körper wahrlich göttlich war.«
»Sie konnte schon was«, bestätigte ich und vernahm in meiner Stimme eine leichte Gereiztheit, weil dieselbe Biologielehrerin einige feuchte Träume während meines eigenen geschlechtlichen Heranreifens inspiriert hatte. Außerdem kam es mir so vor, als finge Z. an, die Geschichte zu ruinieren, indem er ihr mehr Pathos und Literarizität verlieh als notwendig. Und ich war immerhin der Käufer dieser Erzählung. »Sie konnte was, ja, aber sag nicht ›göttlich‹. Dass sie schöne Möpse hatte, ist jedenfalls wahr.«
»Nein, nein«, sträubte sich Z., »in diesem Fall waren es keine Möpse, sondern *Brüste*. Das ist das richtige Wort, ich habe darüber nachgedacht. Jeder Buchstabe ist wichtig. Sie waren rund und prall wie die Höcker des ›B‹, bereit zu vibrieren wie ein ›R‹, das ›S‹ verlieh ihnen Esprit und das ›T‹ Festigkeit. ›Möpse‹ ist ein weiches und schlaffes Wort, glaub mir, ich habe danach noch viele Möpse gesehen, aber Anna hatte Brüste.«
Ich musste mir eingestehen, dass hinter dieser Verrücktheit ein gutes philologisches System steckte.
»Also gut, hast du sie zumindest gevögelt?«
»Ich kam, noch bevor ich sie berührt hatte«, sagte Z. ganz leise und machte zum ersten Mal eine längere Pause. »Ich werde nie vergessen, wie sie auflachte. Alles lag in diesem Lachen – Eidechsen, Reptilien, Eckzähne. Ich bin mir nicht sicher, ob es ein Lächeln war oder ob sie mir die Zähne zeigte. Ich schloss die Tür auf und rannte davon, erschrocken und glücklich zugleich, erniedrigt und zufrieden, dass ich einige Minuten mit dieser Frau allein gewesen war und den Körper des ›A‹ gesehen hatte. Du kannst sagen, was du willst, für mich ist sie die erste

Frau in meinem Leben. Sie war das Aleph in dem Alphabet, das mir bevorstand. Hier nahm es seinen Anfang.«

Ich schenkte Z. nach, schenkte auch mir selbst nach und bereitete mich darauf vor, den wichtigsten Teil zu hören.

»Das war das Projekt meines Lebens, um nicht zu sagen die Mission. Ich wollte das ganze Alphabet. Ich wollte, dass hinter jedem Buchstaben eine Frau steht und dass ich sie gehabt habe. Ich betrachtete die Buchstaben und stellte mir die Frauen vor, die mich dahinter erwarteten.

Das ›B‹ erschien mir als schwangere Frau, mit einem großen, warmen Bauch und prallen Brüsten. Ich brauchte drei Monate, um eine Frau mit einem solchen Bauch zu finden, deren Name mit einem ›B‹ begann. Sie war gerade im sechsten Monat, als wir einander kennenlernten. Ich kann dir gar nicht sagen, was ich alles versuchte, um sie zu verführen, wie ich darauf lauerte, dass sie das Haus für einen Spaziergang verließ. Ich wollte nicht übertrieben aufdringlich erscheinen, aber du verstehst natürlich, dass jeder Tag zählte.«

»War sie wenigstens schön?«, fragte ich.

»Alle Buchstaben sind schön«, entgegnete er, und zum ersten Mal verspürte ich ein wenig Angst vor ihm. »Ende des siebten Monats war sie mein.«

»Du hast sie gevögelt, du Bastard«, dieser Ausbruch war nicht vorgesehen.

»Sie hatte nichts dagegen«, wand Z. befremdet ein. »Außerdem war ich vorsichtig, ich wollte die Leibesfrucht nicht verletzen.«

»Erzähl weiter«, sagte ich, wobei ich diesmal nur mir nachschenkte.

»Mit ›C‹, ›D‹ und ›F‹ ging es leichter, es waren Studienkolleginnen aus dem philologischen Institut – natürlich hatte ich mich entschieden, Philologie zu studieren.«

»Schon klar, in der Philologie wimmelt es nur so von Buchstaben und Frauen. Ich nehme an, ›C‹ hatte einen ordentlichen Arsch, wenn wir nach der Form ihrer Initiale gehen.«

»Ja, das war vielleicht ein Arsch«, pflichtete Z. mir bei. »Aber Eva kostete mich mehr Zeit.«

»Oho, mal wieder ein ganzer Name.«

»Mit den Vokalen ist es anders. Da muss man vorsichtig hantieren. ›Bahir‹ sagt, dass …«

»Welcher Bahir?«

»›Bahir‹ ist ein Midrasch, so etwas wie ein Sammelband. Dort steht geschrieben, dass die Vokale in der Tora mit der Seele im menschlichen Körper vergleichbar sind. Außerdem entsprechen sie dem Kreis und …«

»Schon klar, du hast dich eingearbeitet. Und Rimbaud zufolge klingt das ›E‹ ziemlich weiß«, warf ich ein.

»Ich persönlich sehe es eher in Ecru. Aber wie dem auch sei. Eva war melancholisch und irgendwie ätherisch. Zum ersten Mal, seit ich mein Projekt umsetzte, fühlte ich mich unsicher. Warte mal, eigentlich zum zweiten Mal, nach Anna. Vokale sind entgleitende Wesen. Ich lebte fast ein Jahr lang mit Eva, aber auch jetzt kann ich nicht sagen, dass ich sie zumindest ein Mal wirklich besessen hätte. Ich hatte das Gefühl, sie wusste, warum ich mit ihr zusammen war. Eines Abends kam sie einfach nicht nach Hause, aber auf dem Bett lag ihr Silberkettchen mit dem Buchstaben ›E‹. Ich erachtete das als ausreichend deutliches Zeichen und machte weiter. Im Großen und Ganzen wiederholten sich die Dinge in dieser Reihenfolge – mal einfacher, mal komplizierter, je nach Vokalen und Konsonanten. Ich gewann Erfahrung im Erkennen der notwendigen Frau und eine gewisse Routine im Flirt. Außerdem kam ich dank N., die jemand Zuverlässigen für ihr Business brauchte, zu ein wenig Geld. Ich hatte keine Gewissensbisse, es war ja für das Projekt.«

»Ja, Frauen sind ein teurer Spaß.«

»Ich hatte allerlei Geschichten. Ich kann sie Buchstabe für Buchstabe erzählen. ›O‹ zum Beispiel war wie ein schwarzes Loch. Sie saugt dich ein und du verlierst dich, bist ganz drinnen, spazierst durch Labyrinthe, Milchstraßen, ein Wahnsinn … Hätte ich die Wahl gehabt, wäre ich sicher bei ihr geblieben. Obwohl man mit so einer Frau nicht leben kann … zumindest nicht lang. In ihr kann man nur sterben. So einen Tod wünsche ich jedem.«

»Also gut, warum bist du nicht bei einer von ihnen geblieben?«

»Das würde der Idee des Projekts widersprechen. Wähle ich einen Buchstaben, bedeutet das, alle anderen zu verlieren. Ich wollte alles, das ganze Alphabet. Und ich kam vergleichsweise schnell voran. Ich kann dir versichern, die Welt ist voller einsamer Frauen.«

»Ich werde dir die Klischees vom Preis abziehen.«

»Also gut, du kannst es in der Erzählung ja überarbeiten, das musst du selbst wissen. Und so gelangte ich innerhalb von zwanzig Jahren zum ›Z‹.«

»Deinem Buchstaben.«

»Meinem. Wenn du dich erinnerst, in der Schule nannten mich alle einfach nur Z. Zdravko war ihnen zu schwer auszusprechen. Meinem Vater zufolge hatten sie mich auf diesen Namen getauft, damit ich stark und gesund werde, schließlich ist das die Bedeutung dieses Namens, ich sollte meinen Mann stehen können, du verstehst? Später, als wir nach Deutschland kamen, ahnte natürlich niemand etwas davon, hier war er nur noch ein Zungenbrecher. Wie gesagt, ich war beim ›Z‹ angekommen.«

»Und was jetzt, musst du es dir selbst besorgen?«, konnte ich mich nicht zurückhalten, hämisch einzuwerfen.

Diesmal füllte Z. unsere Gläser. In der Septemberdämmerung kam er mir verzagt und vorzeitig gealtert vor. Bestimmt hatte auch Don Juan gegen Ende so ausgesehen – einfach ein müder Mann. Und trotzdem war der Buchstabenliebhaber, mein einstiger Freund Z., nicht einfach nur so gekommen. Seine Geschichte stand zum Verkauf, und bald würde er den Preis einfordern.

»Eigentlich schlage ich mich seit zwei Jahren mit diesem und noch einem anderen Buchstaben herum«, begann Z. wieder. »›X‹ und ›Y‹ waren ein Kinderspiel dagegen. Es fehlen nur noch ›Zett‹ und ›Eszett‹. Ich weiß, dass ich wohl nie einen Namen finden werde, der mit ›Eszett‹ anfängt, das ist kein Anfangsbuchstabe. Aber es gibt doch noch eine Möglichkeit.«

Er sah mich lange an und sagte es:

»Eszett, ich bin gekommen, um dich um Hilfe zu bitten.«

Das war jetzt doch zu viel.

»Du mieser Bastard«, knurrte ich. »Du willst mich also vögeln, was? Ist das der Preis? Die Freunde Zett und Eszett kommen zusammen, schieben eine Nummer, und das Drecksprojekt kommt zu seinem krönenden Abschluss. Zwei Buchstaben mit einer Klappe. Das würde dir so passen, du Irrer.«

»Das hatte ich nicht gerade im Sinn, Eszett«, seine Stimme war kühl. »Hör mich bis zum Ende an. Erst vor einigen Tagen gelang es mir, dank F. Zugang zum Melderegister zu erhalten, und dort entdeckte ich vier Frauen namens Zdravka. Drei von ihnen …«, er nahm einen ziemlich großen Schluck, »sind meine Töchter. Ich habe es nachgeprüft, Irrtum ausgeschlossen, Eva, O. und L. haben sie nach mir benannt. Ich … wusste nichts davon. Ich schwöre …«

An dieser Stelle begann Z. auf einmal zu zittern. Zum ersten Mal, seit er gekommen war, konnte er nicht an sich halten. Er röchelte, verschluckte sich, und wären seine Tränen nicht gewesen, hätte man nicht sagen können, dass es sich um Weinen handelte. Ich war zu sehr erstarrt, um zu versuchen, ihn zu beruhigen.

»Ich weiß nicht, was ich tun soll, Eszett«, seine Stimme war kaum zu hören. »Ich bin durcheinander. Die Sache ist zu weit gegangen. Die Töchter waren nicht Teil des Projekts. Ich hatte sie nicht vorgesehen. Ich bin zu dir gekommen, damit du das Problem mit dem ›Z‹ löst, es geht nicht anders, du bist bereits involviert. Du ahnst bestimmt, welche die vierte Frau mit diesem Buchstaben ist. Du bist der Schriftsteller, du musst dir ein Ende ausdenken. Das ist der Preis. Es wird so sein, wie du es schreibst. Und mit deiner Unterschrift wird das Alphabet vollständig sein.«

Ich stand auf und ging langsam zum Telefon. Es gibt Momente, in denen man sich wirklich mit seiner Frau beraten muss. Besonders, wenn sie Zdravka heißt.

Auf der Suche nach Carla in Lissabon

Eine Fado-Geschichte

Carla aus Lissabon lebte auf drei Seiten meines Romans. Sie war plötzlich auf der 75. aufgetaucht und verschwand ebenso plötzlich auf der 77. Es gibt solche Frauen, deren ganze Charakteristik sich darin erschöpft, dass sie verschwinden.
Im Lauf der Jahre wurde Carla für mich immer gespenstischer. Und wie ein Gespenst besaß sie die Fähigkeit, in Träumen zu erscheinen, Melodien oder Zigarettenasche zu entsteigen, dazustehen und mich vom Bildschirmschoner des Computers aus anzusehen, anstelle der geschlechtslosen Wiesen, die ich für gewöhnlich dort hatte. Ja, und sie nutzte ihre Fähigkeiten rücksichtslos. Die einzige Art, die ich kenne, um mit Gespenstern fertigzuwerden, ist, sie aufzusuchen und ihnen in natura gegenüberzutreten, Aug in Aug. Aber Portugal war unerreichbar, ganz am Ende (oder am Anfang – abhängig davon, von wo aus man es betrachtet) dieses Kontinents. Der Korken Europas, weil es, sagt man, dort nur so von Korkeichen wimmelt. Alles hatte ich über dieses Land gelesen. Ich hatte Informationen über sein Bruttoinlandsprodukt, über den Durchschnittslohn, einer der niedrigsten in der EU, ich hatte ihm das Salazar-Regime, das sich so lange gehalten hatte, verziehen, jedes Jahr am 25. April feierte ich bescheiden den Jahrestag der Nelkenrevolution und war aufrichtig besorgt wegen der großen Hitze und Dürre im August, wie auch wegen der üblichen darauf folgenden heftigen Regenfälle im November. Nie würde ich

erfahren, ob ich Carla wegen Lissabon liebte oder ob ich mich wegen Carla nach Lissabon sehnte. Ob nicht beide ein und dasselbe Gespenst waren?

Was war so Besonderes an Carla? Wir waren nur einen Nachmittag zusammen. Sie 17, ich 21, hatte uns die Zufälligkeit eines vielköpfigen Jugendtreffens am italienischen Adriaufer zusammengebracht. Es war das erste Mal, dass ich das Land verließ, die Grenzen waren soeben geöffnet worden. Ich lege Wert darauf zu unterstreichen, dass Carla absolut real war, zumindest am Anfang. In meinen Notizen von damals ist sie beschrieben als »leicht dunkelhäutig, eine echte Portugiesin (als unterhielte ich einen Katalog des Portugiesischen), mit ozeangrünen Augen«. Jetzt wäre ich mir nicht so sicher. Eigentlich besitze ich keinerlei physische Erinnerung an sie, kein Portrait. Das einzige Foto, das ich damals vor dem Hintergrund des endenden Tages von ihr machte, erwies sich als, wie soll ich sagen, missglückt. Das war der erste Beweis für ihre Schemenhaftigkeit. Sie war einfach nicht auf dem Foto. Alles andere war auf dem Fotopapier zum Vorschein gekommen – der schmale Sandstrand, ein roter Schirm, die Widerscheine des Sonnenuntergangs, ein paar neugierige Silbermöwen, die ins Bild geflogen waren. Nur Carla fehlte. Damals führte ich es, naiv wie ich war, auf das schwache Tageslicht und meine alte »Smena« zurück.

Und so befand ich mich genau zwanzig Jahre nach diesem ersten und letzten Treffen endlich in Portugal. In Carlas Heimatstadt Lissabon. Wer zwanzig Jahre mit dem Gedanken an eine Stadt und eine Frau gelebt hat, sich ihr Gesicht und ihre Straßen ausgedacht hat, der wird diese aufsteigende Angst verstehen, wenn man kurz davor steht, sie zu treffen. Nach dem Ende des Literaturseminars stehe ich plötzlich mit zwei bis zum Rückflug gänzlich freien Tagen da. Dankend lehne ich das Angebot der Gastgeber ab, mich bei meinen Streifzügen zu begleiten. Früh morgens am nächsten Tag bin ich voll ausgerüstet, um Carla in Lissabon zu suchen. Ich unterscheide mich nicht sehr von den meisten sorglosen Touristen hier – zwei Flaschen Mineralwasser im Rucksack, Brille und Hut, Fotoapparat, eine Stadtkarte in der vorderen Tasche, ein grünes Notizbuch, ich verlasse mich nie nur auf den Fotoapparat.

Es ist Ende Mai. Die atlantische Sonne hat trotz der frühen Stunde die weißen Steinplatten der Straßen in Brand gesteckt. Verblüffend blaue Bäume blühen überall. Die kleinen, alten orangen Straßenbahnen dröhnen durch die steilen Sträßchen, quietschen in den Kurven und betätigen ihre Klingeln bei den plötzlichen Halten. Nirgends habe ich je so ein freudiges Geräusch gehört. Ich springe auf die erstbeste auf, notiere, dass es die Linie 28 und es mir gleichgültig ist, wohin sie mich bringt. Wir rauschen durch die engen Straßen mit draußen zum Trocknen aufgehängter Wäsche, abbröckelnde rosa Häuser mit roten Ziegeldächern, Verkaufsstände für Fisch und Gemüse, Cafés auf den Trottoirs. Ich wähle eine lautere Straße und steige aus. Es ist die »Rua Augusta«, die sich meiner Karte zufolge mitten im Stadtzentrum befindet. Die Straße endet am Ufer des Flusses Tejo oder am Ufer des Ozeans, weil der Fluss und der Ozean in einer gigantischen Mündung zusammenfließen.

Ich gehe langsam die Straße hinunter, erfüllt mit dem Vergnügen des zufällig hierher geratenen Fremden, dem jede Querstraße und jede Minute dieser Stadt gehört. Ich genieße meine erfundene Konspirativität. Ein Mann mit einer Mission, von der an diesem Lissabonner Mittag niemand etwas ahnt. Ich habe ganze zwei Tage, und obwohl der erste bereits zur Hälfte um ist, beunruhigt mich das nicht sonderlich. Mein vorgefasster Plan ist es, an diesem ersten Tag Carla ohne Plan zu suchen, chaotisch, indem ich mich einzig dem Zufall unterordne. Ich werde durch die Straßen spazieren, wobei ich die mir entgegenkommenden Frauen (soweit es der Anstand zulässt) im Auge behalte, ich werde in den Cafés sitzen, den an den Nachbartischen Plaudernden lauschen, ohne ein Wort von ihrer Sprache zu verstehen, aber sicher, dass ich ihre Stimme erkennen werde, ich werde Buchhandlungen betreten (Carla liebte Bücher), werde mir die Verkäuferinnen ansehen oder einfach unter einem blühenden Jacaranda-Baum stehen bleiben, werde beobachten, wie die kleinen Blüten weich auf das Gras zu meinen Füßen fallen, und werde hoffen, dass sie ebenfalls gern unter diesen Bäumen steht. Es gibt keine sicherere Methode als den Zufall für das erneute Heraufbeschwören eines Zusammentreffens, wenn es schon das erste Mal vom selben Zufall heraufbeschworen worden ist.

Ich zünde mir eine Zigarette an, als würde ich damit die Ziellosigkeit meines Herumschlenderns noch unterstreichen, und höre hinter meinem Rücken: Marihuana, Marihuana? Ich drehe mich um. Ganz nah bei meinem Ohr zwei heruntergekommene Typen. No, no …, versuche ich kategorisch zu klingen und ruhig zu bleiben, während ich gleichzeitig meinen Rucksack umklammere, no Marihuana … Das jedoch beeindruckt die beiden nicht, sie nicken verständnisvoll, als wollten sie sagen, dass sie mich unterschätzt hätten, indem sie mir irgendwelches Gras anbieten. Okay, okay, hasheesh … und flink zaubern sie kleine harzige Plättchen aus ihren Taschen hervor und beschwören deren Qualität.
Wir stehen neben einem Hauseingang auf der Rua Augusta. Von der Seite sehe ich bestimmt wie ein verirrter Tourist aus, der wissen will, wie er am schnellsten zur Metro kommt. Die beiden sind mir inzwischen ordentlich auf die Pelle gerückt.

Ich bekomme es langsam mit der Angst. Und dann fällt mir etwas ein. Leicht und scheinbar geringschätzig schiebe ich die Hand von dem mit dem Haschisch weg und sage meinerseits: I seek Carla. Der Trick funktioniert. Die beiden sehen sich einen Augenblick lang an, verletzt in ihrer Eigenliebe, weil sie den Jargon nicht deuten und mir die Ware, nach der ich auf der Suche bin, nicht sofort anbieten können. Ich nutze diese Verwirrung, winke ab und dränge mich schnell zwischen ihnen hindurch. Nur einen Augenblick später holt mich der eine ein und startet einen letzten Versuch: Maybe Coca … Ich bleibe kategorisch: No Coca, Carla, C-a-r-l-a, ich buchstabiere es fast und lasse ihn stehen, ohne mich umzudrehen, wobei ich mir vorstelle, wie die beiden die Produktion neuer Drogen und das Fehlen einer einheitlichen Nomenklatur verfluchen. So wacht Carla, noch bevor sie aufgetaucht ist, über mich und hilft mir.

Es gibt keine bessere Art, sich in eine Stadt zu verlieben, als die, eine Frau in ihr zu suchen. Eine Frau, die du das letzte Mal vor zwanzig Jahren gesehen hast, du hast ihr Gesicht vergessen, hast keine Adresse oder Telefonnummer, weißt nichts über sie. Außer einem Namen. Am Nachmittag des zweiten Tages sitze ich in einem kleinen Café im Chiado, trinke langsam Portwein und verfasse in Gedanken einen Brief, den ich ihr auf die Papieruntersetzer auf dem Tisch schreiben werde. Die Untersetzer sind aus blassgrünem Recyclingpapier und auf der Rückseite leer, wo man sich Notizen machen kann. Ich stelle mir vor, wie ich den Untersetzer mit kleinen Buchstaben vollschreibe, ich werde die verwunderte Kellnerin noch um einen zweiten bitten, und später werde ich sie auf dem Tisch liegen lassen. Der Brief wird folgendermaßen beginnen: *Liebste Carla, wir trafen uns an einem Nachmittag vor 20 Jahren. Ich bin in Lissabon. Ich suche Dich auf die einzig mögliche Art und Weise …*

Und genau in diesem Augenblick höre ich ihren Namen hinter meinem Rücken. Die Stimme, die ihn ausspricht, ist männlich, sie kommt vom Tisch hinter mir, ich verstehe keines der Wörter, die folgen. Carla, Carla, wiederholt er mit gewissem Vorwurf, dann folgt ein leises Lachen. Carla antwortet nicht. Ich wage es nicht, mich zu rühren. Immerhin gibt es so viele Frauen mit diesem Namen. Und zum ersten Mal, seit ich hier bin, wird mir das leichte Grauen bewusst, das in mir wächst. Was würde ich sehen, wenn sie es wirklich wäre? Eine Frau, und zwanzig Jahre dazwischen, die glücklich mit einem Mann zu Abend isst. Eine Frau aus Fleisch und Blut und meine eigene Abwesenheit neben ihr. Wer weiß, vielleicht war ich das Gespenst und Carla hat während dieser zwanzig Jahre immer existiert.
Ich steckte die Untersetzer in meine Tasche, legte das Geld auf den Tisch, zog mir den Borsalino ins Gesicht, den ich Pessoa zu Ehren gekauft hatte, und ohne nach links oder rechts zu schauen, machte ich mich auf den Weg zum Ausgang. Bevor ich den Schritt hinaus auf die Straße machte, hielt ich einen Augenblick inne, zögerte, ich würde keine zweite Chance bekommen. Eine lange Sekunde, in der ich spüren konnte, wie das Salz meinen Körper erfasse. Ich drehte mich nicht um. Bisweilen ist es besser, manche Gespenster ein Leben lang zu behalten.

P.S.:
Der Brief auf dem Untersetzer aus Papier, den ich an jenem Abend nicht schrieb, ging so weiter:

… ich wähle Orte, die gut zu Dir passen würden. Manchmal ist es ein kleiner Platz, der plötzlich inmitten der Steilheit der Straßen auftaucht. Oder ein Ort, an dem alle sich verabreden, zum Beispiel unter dem Arco da Rua Augusta. Manchmal ist der

Ort eher eine Zeit oder eine kurzlebige Konstruktion aus beidem. Eine nur für einige Minuten beleuchtete Straßenecke, in denen Du dort vorbeikommen wirst. So eine Szene würdest Du Dir nicht entgehen lassen. Sie wurde vor Jahrhunderten ausgearbeitet: die Neigung der Straße, vorgegeben durch das Große Erdbeben 1755, dann der neue Stadtentwicklungsplan des Marquês de Pombal, die Häuser und der Spalt zwischen ihren Dächern … Alles hat sich zusammengefunden, damit heute um 18:27 Uhr am Nachmittag ein Strahl genau durch diesen Spalt fallen und eine Ecke beleuchten kann. Wahrscheinlich gibt es noch hundert andere solche Szenen. Ich werde weitersuchen, und du darfst nie auftauchen, das ist wichtig.

In den Cafés einer jeden Stadt, die ich besuche, schreibe ich einen solchen Brief auf die Rückseite der Untersetzer für Bier und Portwein. Ich hinterlasse Zeichen, um eine Frau nicht zu finden, die ich sehr gern sehen würde.

Do not disturb

Sie steht in der Mitte des Hotelzimmers, der Fernseher ist an, soeben ist sie aus dem Bad gekommen, eingewickelt in ihr geliebtes grünes Handtuch. Sie verwendet nie die Handtücher der Hotels, sie empfindet das als unsauber. Sie schüttelt ihr nasses Haar, der kleine Regen ringsum bereitet ihr Vergnügen.

Sie ist in dieses Hotel gekommen, um zu sterben, aber bereits seit zwei Stunden beschäftigt sie sich mit den unvermeidlichen Kleinigkeiten. Sie hatte keine Ahnung, dass auch der Tod Zeit kostet. Der Mann an der Rezeption sah an diesem Morgen ein wenig verdutzt aus bei ihrer Frage, ob sie ein freies Zimmer im obersten Stockwerk hätten. Ob es nicht doch zu durchsichtig ist, wie sieht wohl die Selbstmordstatistik dieser prestigeträchtigen Hotelkette aus? Ob die Menschen es vorziehen, sich aus Luxushotels zu stürzen, oder ist es ihnen, wenn sie erst einmal den Entschluss gefasst haben, einerlei?

Ich ziehe das oberste Stockwerk vor, hört sie sich sagen, weil ich eine leichte Phobie vor geringen Höhen habe, äh, das Gegenteil von Höhenangst, die natürlich viel weiter verbreitet ist usw. Sie sagt es unvermittelt, mit ihrem entwaffnendsten Lächeln (und hasst sich noch in derselben Sekunde dafür). Mein Gott, warum muss sie sich vor irgendeinem Unbekannten rechtfertigen, und das in diesem Moment.

Der Mann ihr gegenüber nickt eher aus Etikette als aus Verständnis, er ist sich nicht sicher, ob er genau weiß, was eine Phobie ist, und das geht ihn auch gar nichts an. Sie haben ein freies Zimmer im obersten Stockwerk, er nimmt ihre Daten auf, bietet ihr seine Hilfe mit dem Koffer an, sie lehnt ab, er fragt sie, ob sie noch etwas brauche, nein, vielen Dank. Er ruft den Aufzug und hält ihr die Tür auf. Sie ist sich sicher, dass er einen Augenblick lang seinen Blick über ihren Körper gleiten lässt, der Spiegel in der Aufzugskabine bestätigt es, aber jetzt kann sie nicht entscheiden, ob es sie eher stört, ob es ihr eher schmeichelt oder ob es bereits völlig gleichgültig ist. Und überhaupt, wie lange wird sie jeden Unsinn analysieren. Sie drückt auf den Knopf für das oberste Stockwerk, lehnt sich gegen die Wand, und ihr wird bewusst (während sie angeblich versucht, an nichts zu denken), dass dieser Mann von der Rezeption der letzte Mensch gewesen sein wird, den sie sieht, und ihr ist nichts von ihm im Gedächtnis geblieben, Augen, Gesicht, Alter, seine Stimme, nichts, nichts … Ein Mann von der Rezeption, unpersönlich wie alle Männer in Hotels. Und ob ihm etwas von ihr in Erinnerung geblieben ist (außer ihrem Hintern)? In jedem Fall wird das wichtiger sein, zumindest für die Polizisten, die später Fragen stellen werden, sah sie niedergeschlagen, bedroht oder verfolgt aus, welche Sätze tauschten sie aus. Sie denkt, sie hätte sich mehr Mühe geben können, irgendeinen brillanten Satz mit doppeltem Boden einwerfen, der …

Sie hat einfach nie gelernt, Pointen zu setzen. Sie weiß nicht, was man am Ende sagt. Wie damals, als sie das erste Mal mit einem Mann schlief. Es passierte nach dem zweiten Semester im College, auf einer Wiese hinter den Tennisplätzen. Es war unbequem, es drückte überall, sie sah sich um, aber ihr war bewusst, dass auch etwas Erregendes darin lag. Als alles vorbei war (weder der Schmerz groß noch das Vergnügen), entschied sie, sie müsse unbedingt etwas sagen, aber sie wusste überhaupt nicht, was. Und sie platzte mit dem Dümmstmöglichen heraus: Vielen Dank, es war sehr angenehm. Sie bereute sofort, es ausgesprochen zu haben, aber es war schon zu spät. Der Junge konnte sein Lachen gerade noch so zurückhalten, um sie nicht zu verletzen. Später hatte er es offensichtlich allen in der Clique erzählt, und sie hörte ihren Satz immer wieder, der scheinbar beiläufig in Gesprächen fallen gelassen wurde. Vielen Dank, es war sehr angenehm. Aber ich bitte Sie, nichts zu danken …, fügte jemand hinzu, und es folgte der nächste Lachanfall. Einmal, Jahre später, in einer ganz anderen Runde, wo niemand sie kannte, musste sie diese ganze Geschichte noch einmal über sich ergehen lassen, sie hatte sie im Genre »Ein-Freund-erzählte-mir-einmal …« eingeholt. An was für Dinge man sich in den letzten Augenblicken erinnert.

Die letzte Dusche, sagt sie sich, während sie ihren nassen Kopf ausschüttelt. Das letzte Föhnen. Die letzte Creme gegen … Sie registriert alles automatisch, aber jetzt hält sie inne, der Automatismus streikt. Die Creme ist noch in ihrer Hand. Ihr wird bewusst, dass all ihre Handlungen auf einen zukünftigen Effekt abzielen, auf eine Zeit, die ihr nicht mehr gehört. Die Poren ihrer Haut werden keine Zeit haben, diese Creme richtig aufzunehmen, Mandelextrakt und Aloe werden es nicht schaffen, ihr Potential zu entfalten, ihr Haar, ganz gleich, wird erneut nass sein und verklebt vom Blut. Sie schaudert beim letzten Wort und verbietet sich, daran zu denken, wie sie danach aussehen wird. Ein *Danach* existiert nicht.

Und dennoch beginnt sie, die Creme auf ihrem ganzen Körper zu verteilen. Er verdient es, hat ihr gute Dienste geleistet, verbirgt gekonnt jedes seiner vierzig Jahre in seinen Falten. Sie schmiert ihn langsam ein, mit Vergnügen, als wäre es das letzte Mal. Die Creme ist eher ein Vorwand, um diesen Körper zu streicheln, sich von ihm zu verabschieden. Creme auf die linke Schulter, leb wohl, linke Schulter … Creme auf die Haut unter dem Hals, leb wohl, Hals … Auf die Brüste, ihr werdet zumindest einigen Leuten fehlen, lebt wohl, lebt wohl …

In alledem liegt ein Ritual, und das Ritual beruhigt, ordnet die Dinge. Es ähnelt einer letzten Ölung, bei der der Verstorbene selbst das Salböl auf seinen Körper aufträgt.
Man kann die Dinge auch von einer heiteren Seite betrachten. Eine Frau beschließt, sich das Leben zu nehmen, auf die altmodischste Art und Weise, indem sie springt, aus dem obersten Stockwerk eines Hotels, und schon seit mehr als einer Stunde tut sie all diese dummen und eitlen Dinge, die Frauen tun. Die Perlencreme gegen Falten unter den Augen, ob sie danach den Epilierer einschaltet (sie hat ihn auf jeden Fall mitgenommen), danach … Was hat sie sich vorgenommen, zum Teufel? Wird sie ausgehen? Genauer, wird sie durch die Tür hinausgehen oder doch durchs Fenster?
Sie erinnert sich daran, wie sie vor einiger Zeit jene Geschichte aus den 1940ern entdeckte über einen Fotografen, der Praktikant bei einer New Yorker Zeitung war, und sein Zufallsbild einer aus einem Hotelzimmer springenden Frau. Damals schrieb sie sogar ein Gedicht über die Frau, sie sei »auf der Fotografie am Leben zwischen dem neunten und achten Stock« und werde für immer dort hängen bleiben, über den Köpfen der beiden nachmittäglichen Besucher des Cafés vor dem Hotel. »Sogar die Kaffeespritzer auf dem Trottoir sind noch in den Tassen«, so endete das Gedicht.
Sie hievt den eleganten Koffer aufs Bett, öffnet ihn und entnimmt ihm vorsichtig das grüne Retrokleid mit der tiefen Taille, streicht es auf dem Leintuch glatt. Einmal hatte man ihr gesagt, dass sie darin wie Tamara de Lempicka aussehe. Sie war verrückt nach dem Grün.

Wollen wir die Aufnahme anhalten, in der sie mit beiden Beinen auf dem Sims steht, ein wenig unbeholfen, sie ist schön, unten beginnen die Leute, sich umzudrehen, sich zu versammeln, sie tuscheln und sehen nach oben. Sie fragen sich immer noch, ob da ein Film gedreht oder ob wirklich ein Selbstmord stattfinden wird. Der frühe September hat begonnen, die Wipfel der Bäume bunt zu färben. Von unten fällt es einem nie auf. In Kürze wird jemand die Polizei, die Feuerwehr oder einen Rettungswagen rufen. Welcher Dienst ist für die Selbstmorde in dieser Stadt zuständig? So hat sie es sich eigentlich nicht vorgestellt … Sie will einfach in Ruhe gelassen werden. Ob sie so tun soll, als sei sie aus dem Fenster gestiegen, um einen unsichtbaren Fleck auf der Außenseite wegzuwischen? Unsinn, wer putzt schon die Fenster in seinem Hotelzimmer …

In diesem Augenblick bringt der Fernseher, der die ganze Zeit über brummt, plötzlich außergewöhnliche und alarmierende Geräusche herein, man hört Schreie, die erschrockene Stimme des Sprechers, etwas Schreckliches muss geschehen sein, vom Fenster aus sieht man nur einen Teil der Mattscheibe, Menschen auf den Straßen, die wie von Sinnen sind, ein Flugzeug, es stürzt ins … das kann nicht sein … Es passiert in derselben Stadt. Sie steigt vom Sims herunter (in Richtung Zimmer). Sie öffnet die Tür, aus dem Fenster im Flur kann man deutlich den aufsteigenden Rauch im Westen sehen, er kommt von den Türmen des World Trade Centers, kurz darauf hört man das wahnsinnige Heulen von Krankenwagen, Löschzügen, Polizeiautos, nicht ihretwegen … Sie geht zurück ins Zimmer.

Zwei Tage später sitzt sie immer noch vor dem Fernseher, jetzt bereits zu Hause, sie sieht erneut dieselben Aufnahmen und zählt die aus den Fenstern der brennenden Türme Springenden. Sie kann den Blick nicht von diesen sich verbiegenden Körpern abwenden. Das Gefühl ist fast körperlich, als würden sie jedes Mal mit *ihrem* Körper springen, die Luftreibung, das Hin- und Herschlenkern der Gliedmaßen …

So beginnt das zweite Leben von M. K. In gewissem Sinne erblickt es in einem Massenselbstmord das Licht der Welt. Und obwohl sie nach etwas mehr als einem Jahr ein augenscheinlich normales Leben führen wird, wird sie dieses Bild nie verlassen. Nie wird sie begreifen, was das für ein Zeichen war – einige hundert Menschen springen plötzlich aus den Fenstern, um *ihren* einzigen und bereits beschlossenen Sprung zu verhindern.

Sie wird sich beinahe zwei Jahre später (aus dem Fenster eines anderen Hotels) das Leben nehmen, unbehelligt, Mitte Juli. Ein Tag, an dem nichts Außergewöhnliches passiert sein wird.

Gott der Namen

An jenem Augustnachmittag, als ich auf die Idee kam, es zu tun, schien es mir, warum auch immer, ungehörig und … widernatürlich. Zu meiner Rechtfertigung kann ich sagen, dass ich nicht allein war und in gewisser Hinsicht provoziert wurde. Alles begann mit einem ruhigen Gespräch über Namen, mit einem Freund, einem merkwürdigen Typen, den ich Gaustín zu nennen vorziehe, so wie ich es bereits an anderer Stelle getan habe. Wir saßen mit einer Flasche Gin in seinem Zimmer im Kühlen, das Meer rauschte hinter den heruntergelassenen Jalousien, und der Geist (eher der Gin) dieser nachmittäglichen Dialoge berauschte uns immer mehr. Vom benennenden Adam, über die – Platons »Kratylos« zufolge – angeborene Richtigkeit der Namen, bis zu den offensichtlichen und geheimen Etymologien, alles vermischte sich in diesem Gespräch, Autoritäten kamen und wurden entlassen. In einem Moment erschien sogar meine Großmutter, mit ihrem magischen »maaatmat-maat«, womit sie die Bienenkönigin anlockte. Diese Frau vom Lande nutzte das uralte indogermanische »māt«, um die Bienenkönigin zu überzeugen, in den Bienenstock zurückzukommen. Und es gelang ihr jedes Mal. Ich liebe dieses Beispiel, weil es absolut authentisch und mir bei Diskussionen jeglicher Art immer zur Hand ist. Außerdem verspüre ich heimlichen Stolz und offene Trauer darüber, dass meine Großmutter der letzte Mensch in dieser Gegend gewesen sein wird, der aktiv Indogermanisch praktizierte, und es ist mir nie gelungen, sie gründlich auszufragen, solang sie noch am Leben war.

Unser Gespräch über Namen nahm allmählich Fahrt auf und wurde leidenschaftlich. Es entstand eine Diskussion darüber, welches der größte Name sei. Der mächtigste, der am weitesten verbreitete, der am häufigsten ausgesprochene. Wir beschlossen, jeder solle sich heimlich einen Namen ausdenken, wir würden eine Wette abschließen und es nachher überprüfen. Wo? Bei Google natürlich. Wir losten aus, wer anfangen dürfe. Ich war noch nie ein Liebling der Tyche, so dass ich ergeben das Recht des ersten Versuchs für Gaustín akzeptierte. Er öffnete seinen kleinen, blauen Laptop, von dem er sich nie trennte, rief Google auf, wartete einige Sekunden, als zögere er, welchen Namen er wählen solle … Drei kurze Tastenanschläge, Enter, und jenes schmale Lächeln, mit dem er sich gleichsam für seine Überlegenheit entschuldigte. Gott, genauer God. Zum Teufel, das heißt mein Gott, diese buchstäbliche Heilige Dreieinigkeit ging auch mir im Kopf herum. Man braucht nicht Gott weiß wie weise zu sein, um auf die Idee zu kommen, dass dies der fruchtbarste Name sein würde. (Bitte, bis hier ist er mir vier Mal untergekommen.)
Wie dem auch sei, Gott tauchte bei Google 611.000.000 Mal auf, in Worten sechshundertelfmillionen Mal. In jenem Augenblick wusste ich nicht, ob das viel war oder wenig. Welche Zahl ist groß genug oder klein genug, wenn von Gott die Rede ist? Google zählte einfach, kühl und methodisch kalkulierte es das Vorhandene. Gott zu zählen, das Netz nach ihm auszuwerfen, war trotzdem Gotteslästerung. An jenem sich dem Sonnenuntergang zuneigenden Nachmittag waren Gaustín und ich uns dessen bewusst. Du bist dran, schreckte mich Gaustíns Stimme auf. Wenn er aufgeregt ist, schreit er fast. Unnötig zu sagen, dass mir klar war, dass mein nächster Zug von vornherein zum Scheitern verurteilt war. Welcher Name wird den göttlichen übertrumpfen? Es ist schon eine Sünde, nur daran zu denken. Aber offensichtlich verdichtete sich die Sünde an diesem Nach-

mittag, verstärkt durch den blauen Dunst unserer Zigaretten. Und diesen leichten Schwefelgeruch der Streichhölzer.
Google wartete wie ein Hund, mit halboffener Schnauze, wie mir damals schien, darauf, dass ich ihm den Namen hinwarf, dessen Knochen er vor mir aufhäufen würde. Und genau in diesem Augenblick, der Teufel gab mir einen Stoß, da bin ich mir sicher, kam mir in den Sinn, welchen Namen ich in diesen Rachen werfen würde: Google. Die Suchmaschine sich selbst suchen zu lassen, ist mindestens ungehörig und widernatürlich, wie ich zu Beginn sagte. Das ist, wie eine Schlange zu zwingen, sich in den Schwanz zu beißen, eine Katze, ihren Schatten zu fangen, einen Hund, seiner eigenen Spur zu folgen. Die Natur verzeiht solche Dinge nicht. Während ich Enter drückte, erwartete ich, dass sich der himmelblaue Bildschirm vor uns und über uns in der Mitte spalten würde, mit einem gnadenlosen und apokalyptischen Shutting down. Und dass die Welt neu startete.
Nichts spaltete sich, noch gab es einen Knall. Google benötigte beleidigend kurze 0,09 Sekunden, und dieser narzisstische … Bastard trifft nicht zu, mit diesen beiden Vätern, dieses narzisstische Tier spuckte ohne jede Schüchternheit 2.810.000.000 Mal seinen eigenen Namen aus. War das der neue Gott der Namen? Gaustín traute seinen Augen nicht. Der bis vor kurzem noch sicher geglaubte Sieg bei unserer Wette entglitt ihm mit Leichtigkeit. Mit derselben – soll ich sagen »unerträglichen« – Leichtigkeit, mit der Google Gott besiegt hatte. In Bruchteilen einer Sekunde. Ohne Kampf, ohne Apokalypse, ohne Erschütterung.
Gaustín und ich saßen wie erstarrt da an diesem spurlos entschwindenden Augustnachmittag, und uns wurde immer klarer, dass nichts mehr in dieser Welt der Namen so sein würde wie es war. Und wir gehörten beide zu den Verlierern der Wette.

P.S.:
Natürlich entsprechen diese Zahlen dem Zeitpunkt, als die Geschichte geschrieben wurde. Ich schaue jetzt in Google nach und sehe, dass die Zahlen inzwischen andere sind. Wenn ihr das lest, werden es bestimmt wieder ganz andere sein. Aber das Verhältnis bleibt in der Praxis erhalten.

P.P.S., **das die Dinge plötzlich verändert**:
Während ich diese Geschichte erneut durchging, sah ich plötzlich die Blindheit (das Oxymoron stimmt), die uns an jenem Nachmittag erfasst hatte. Wir zählten Gott in einer engen christlichen Welt, hatten allen anderen Welten den Rücken zugekehrt. Gaustín gibt es nicht mehr, aber ich beschloss, dass es nur gerecht wäre, noch eine Zählung durchzuführen. Ich schrieb einer Freundin, einer Expertin für Arabistik und den Islam, mit der Bitte, die Zählungen durchzuführen. Ich füge die Daten aus ihrem Brief bei.

Allah erschien ganze 1.340.000.000 (eine Milliarde und 340 Millionen) Mal innerhalb von 0,33 Sekunden. Google, das auf Arabisch auch wie Dschudschal klingen kann, erscheint mit Müh und Not ungefähr 44.000.000 (44 Millionen) Mal. Aus den Resultaten ist ersichtlich, dass Allahu akbar!

Aus den Resultaten ist ersichtlich, dass der Kampf zwischen den Googles, den Dschudschals und den Göttern wechselhafte Erfolge zeitigt, und ich weiß nicht, auf wessen Seite ich stehe. Gaustín, der mit Google und mit Gott spricht, lacht jetzt bestimmt irgendwo.

Tochter

In den Zug stieg ein Mann mittleren Alters, der eine große Stoffpuppe in einer Kinderjacke auf dem Arm trug, so wie man ein Kind trägt.

»Verzeihung, sind noch zwei Plätze frei?«

Die übrigen Reisenden im Abteil sahen sich an und antworteten nicht.

»Bitte«, sagte ich und zeigte auf den Platz mir gegenüber. »Es ist aber nur einer.«

»Macht nichts, sie wird bei mir sitzen.«

Er zog ihr die Jacke aus, brachte ihr Haar in Ordnung, setzte sie an den Rand des Sitzes und ließ sich dann neben ihr nieder. Später nahm er sie auf den Schoß. Die übrigen im Abteil verdrückten sich einer nach dem anderen, um sich anderswo Plätze zu suchen. Wir blieben zu zweit, das heißt zu dritt.

»Wie heißt sie?«, fragte ich.

»Na los, sag dem netten Onkel, wie du heißt. Na?«

Die Puppe schwieg.

»Sag, Maa-rii… Sie heißt Maria. Sie ist schüchtern. In dem Alter sind Kinder so.«

»Hallo, Maria. Wie alt bist du?«

»Fünf«, antwortete der Vater. »Nur dass sie nicht gern spricht. Nicht wahr«, lächelte er und stupste ihre Nase an. Ihre Nase war ein zarter rosa Knopf. »Möchtest du am Fenster sitzen? Na komm, Liebes. Jetzt lass uns mal sehen, was es da draußen alles gibt. Oh, schau mal, wie gewichtig uns diese Kuh ansieht, und der Esel dort, siehst du ihn? Nein, nein, weiter hinten, neben dem Baum.«

Und sie begannen zu zählen, wie viele Kühe, Esel, Hühner, Pferde und Schafe sie aus dem Zug sahen. Dann lächelte ihnen das Glück und sie sahen Störche, die noch die verdorrten Felder des späten Augusts durchstreiften. Er erzählte ihr eine alte Geschichte über den Storch und den Fuchs. »Sie liebt solche Märchen«, zwinkerte er mir verschwörerisch zu. »Und überhaupt alle Arten von Geschichten.« In diesem Augenblick stürmte eine ältere Frau ins Abteil, ohne zu grüßen, stellte ihren Koffer ab, starrte den Mann an, der zu der Puppe sprach, griff wieder nach ihrem Koffer, öffnete wieder die Tür, spuckte ein *Perverslinge* aus und verließ das Abteil mit einem Knall. Der Mann hielt dem Kind die Ohren zu, umarmte es und lächelte verlegen. (Ihre Ohren waren zwei lange perlmuttfarbene Muscheln.)

»Die Leute achten nicht darauf, was sie vor den Kindern sagen.« Sie saßen lange so da, sie an ihn geschmiegt.

»Sie ist müde, schlaf mein Liebes, schlaf.«

Er legte sie vorsichtig auf den Sitz und deckte sie mit der Jacke zu.

Es war offensichtlich, dass der Mann mir etwas sagen wollte, aber er wusste nicht, wie er es anfangen sollte. In diesem Augenblick betrat der Schaffner das Abteil, nickte, warf einen zerstreuten Blick auf das unter der Jacke schlafende Kind, kontrollierte die Fahrkarten und ging wieder hinaus. Er hat es überhaupt nicht bemerkt, atmete ich auf. Die ganze Zeit über saß ich wie auf glühenden Kohlen, befürchtete, es könnte einen Skandal geben, er könnte die Jacke wegziehen, sehen, wer darunter schläft, fluchen und die Bahnpolizei rufen. Mir war bewusst, dass ich mich am meisten fürchtete wegen … des Kindes, d.h. der Puppe. Ich wollte nicht, dass man ihr etwas Böses tat. Hier wäre der Ort, zu sagen, dass ich vollkommen normal bin, auch wenn ich Erzählungen schreibe. Ich weiß, dass dies die Dinge erschwert, aber alles andere an mir ist absolut in Ordnung.

Kurz darauf fasste sich der Mann dann doch ein Herz. Er schaute zu dem Kind hin und sagte direkt, er habe eine Bitte an mich, würde es aber verstehen, wenn ich ablehnte. Ich ermunterte ihn weiterzusprechen. Wir flüsterten, um sie nicht zu wecken.

»Ich muss ins Krankenhaus«, sagte er, »sie weiß es noch nicht. Ich habe hier einige Klümpchen, die Ärzte haben gesagt, dass es ein Gemetzel sein würde, danach einen Monat und länger Therapie, man weiß nicht, wie lang. Wenn sie nicht wäre, würde ich alles stehen und liegen lassen, aber …«

Der Mann zog hübsch die Jacke über ihr zurecht, bedeckte ihre Schultern.

»Ich will nicht, dass sie mit mir ins Krankenhaus geht. Sie wird es dort nicht aushalten, das ist nichts für sie. Allein wiederum kann sie sich auch überhaupt nicht zurechtfinden, Sie sehen ja, wie sie ist.«

»Gibt es jemanden …«

»Es gibt niemanden, ihre Mutter ist nicht mehr bei uns … Es gibt nur noch uns zwei.«

Mir war nicht klar, ob sie gestorben war oder ihn verlassen hatte. Ich fragte nicht nach.

»Vielleicht in einem Heim, vorübergehend«, sagte ich, während ich im selben Augenblick die ganze Sinnlosigkeit des Vorschlags erkannte.

»Ich war dort, habe nachgefragt, in einigen … Sie verstehen… Nirgends wollen sie auch nur ein Wort hören. Sie sagen, ich sei verrückt, es gebe kein solches Kind im Register. Und einmal ließen sie sogar die Hunde los. Maria, die liebe, hat sich sehr erschrocken.«

Wir schwiegen eine Zeit lang, es wurde dunkel.

»Schauen Sie«, sagte er, »Sie sind der einzige, der sie angesprochen hat. Kann ich sie nicht bei Ihnen lassen … vorübergehend?«
Die Frage war gestellt, mit der ganzen Direktheit eines Menschen in einer ausweglosen Situation.
»Wäre es möglich … für ein, zwei Monate … Sie macht überhaupt keine Probleme, sie isst nicht einmal … Ich werde Ihnen natürlich Geld dalassen … Es reicht ihr schon, wenn sie weiß, dass sie nicht allein ist. Sie können mit ihr sprechen, ihr Märchen vorlesen, sie versteht alles … nun?«
Wir saßen einige Minuten so da. Im Abteil wurde es dunkel, wir schalteten das Licht nicht ein. Der Mann musste bei der nächsten Station aussteigen, in der Stadt, wo er operiert werden sollte.
Bestimmt sagte ich ja. Der Mann schrieb seinen Namen auf einen Zettel, den Namen des Krankenhauses, die Abteilung und den Arzt, der ihn operieren würde. Ich gab ihm meine Telefonnummer, versprach, nach der Operation anzurufen und dass wir ihn besuchen kämen. Ich sagte, ich würde draußen eine Zigarette rauchen. Ich ließ sie allein, um sich zu verabschieden. Er weckte sie nicht, zupfte nur immer weiter die Jacke über ihr zurecht. Der Zug hielt. Er erhob sich, zog sich an, wandte den Blick nicht von ihr ab, ich half ihm mit dem Gepäck, und dann bemerkte ich, wie schwach er war. Es gelang ihm im letzten Augenblick auszusteigen, er blieb vor dem Fenster des Abteils stehen. Ich setzte mich auf seinen Platz, neben das Kind, und winkte ihm zu. Ich reckte den Daumen empor, als Zeichen dafür, dass alles in Ordnung sei, der Zug fuhr an, und der Mann blieb im Dunkeln zurück.
Als wir Sofia erreichten, hob ich das Mädchen vorsichtig hoch, sie war noch schläfrig und ließ nur ihren Kopf auf meine Schulter sinken. Mit der anderen Hand nahm ich die beiden Taschen und stieg aus.

Seitdem sind zwei Jahre vergangen. Der Vater starb einen Tag nach der Operation. Maria ist inzwischen schon sieben, und während ich diese Geschichte zu Ende schreibe, spielt sie neben mir auf dem Boden.

O, Henry!

Eine Weihnachtsgeschichte

Ich glaube nicht an Weihnachten. So lautete die kühle Antwort des ersten von einigen Freunden, die ich in der geheimen Hoffnung anrief, einer von ihnen würde bestimmt zu meinem Auggie Wren werden, würde lächeln und sagen: Lade mich zum Mittagessen ein, und du wirst eine ganz echte Weihnachtsgeschichte bekommen. Wer glaubt überhaupt an Weihnachten, geriet der fragliche Freund in Wut, außer einigen Millionen von Gaunern im Einzelhandel? Das ist die größte Bestellung, das ist … der Feiertag der Branche, die mächtigste Werbekampagne. Du weißt doch, wer den rotwangigen Weihnachtsmann erfunden hat? Coca Cola hat ihn erfunden. Der Weihnachtsmann ist einfach eine Werbefigur, hallo …, hallo …

Ich sagte, die Verbindung sei schlecht, wir hören uns ein andermal, und legte auf. Zum Teufel, ich wollte doch nur eine Weihnachtsgeschichte.

Der Versuch mit zwei anderen brachte mich auch nicht weiter. Der eine – ein Mensch, der seit kurzem das orthodoxe Chritentum praktizierte – erklärte mir fast flüsternd, dass Weihnachten die massenhafte Götzenanbetung durch Kinder sei, eine Anbetung des goldenen Kalbs selbst. Der andere, ein gesunder Zyniker, nannte den guten Alten einfach einen netten Pädophilen, und diese ganze Praxis mit den Geschenken: eine legale Art, sich ein kleines Mädchen oder einen kleinen Jungen auf den Schoß zu setzen. Etwas, was übrigens den Weih-

nachtsmännern in manchen protestantischen Ländern bereits verboten sei. Sexual harassment, schloss er, als sage er Merry Christmas zu mir.
Sie hatten natürlich recht. Ich ging langsam die Graf Ignatiev-Straße hinunter, vorbei an den bauchtanzenden rotwangigen Götzen vor den Geschäften und den Döner Kebab-Ständen am Patriarch Evtimij-Platz, vorbei an den Verkaufsständen mit Girlanden und kleinen montierbaren Plastikweihnachtsbäumen. Die Weihnachtsleichtindustrie lief auf Hochtouren, und wenn es jetzt noch wie durch ein Wunder zu schneien begonnen hätte, wäre ich mir sicher gewesen, dass das überhaupt kein Wunder gewesen wäre, sondern Meerschaum, eine Werbung für künstliche Schneeflocken usw. Selbst wenn du Paul Auster bist, würde es dir in so einer Situation schwerfallen, eine echte Weihnachtsgeschichte zu schreiben. Es ist klar, dass eine schreckliche Krise für Weihnachtsgeschichten heraufzieht. Die Zeitschriften wollen, aber die Schriftsteller können nicht, eine echt revolutionäre Situation. Und der Markt muss so schnell wie möglich die Nische bedienen.
Ich stellte mir vor, wie ich die Metzgerei betrete, an der ich gerade vorbeiging, und frage: Haben Sie eine frische Weihnachtsgeschichte? Der Schlachter (Verzeihung, der Metzger) lächelt mit seinen großen Zähnen: Vom Schwein oder vom Kalb, der Herr? Der Herr wünscht natürlich eine vom Schwein, von der Keule, ja. Wie viel darf ich Ihnen abschneiden? Ich überschlage den mir verbleibenden Platz in der Zeitung und sage: Ungefähr zwei Kilo. Dreihundert Gramm mehr, nuschelt er, darf ich das so lassen oder … Lassen Sie es, antworte ich großmütig, die Redakteure werden schon abhacken, was ihnen zu viel ist. Eine saubere Angelegenheit, Fleischerhandwerk eben.
Oder aber ich begebe mich auf den gegenüberliegenden Gehsteig und bleibe bei meinem alten Freund Gaustín stehen, einem Bouquinisten und Antiquar, der speziell für Weihnach-

ten noch nicht geschriebene und nicht verlegte Weihnachtslektüre auf dem Ladentisch ausgestellt hat. Aus welchem Jahr brauchst du eine, fragt er sachlich. Ich will etwas von vor der Machtergreifung, sage ich dümmlich. Naja, nach der Machtergreifung gibt es ja auch kein Weihnachten mehr, erwidert er nachsichtig. Ich habe eine, die ist wie für dich gemacht, aus dem Jahre 1937, stark von Anfang bis Ende und mit der Vorahnung eines Wunders. Er wühlt in einem Karton unter dem Ladentisch und reicht mir, natürlich, Zigaretten der Marke »Tomasjan« aus dem Jahre 1937, Hartpackung, ohne Filter, doppelt entstaubt. Sie ist da drinnen, sagt er, du weißt, wie man sie herausbekommt. He, die Zigaretten hast du aus einer anderen Geschichte gemopst, möchte ich ihm gern zurufen, aber Gaustín weiß es selbst, winkt ab und wendet sich freundlich dem nächsten Kunden zu.

Genau das nenne ich einen echten Weihnachtsmarkt, die Weihnachtsgeschichten werden kiloweise verkauft, warm wie Kringel, bestreut mit Sesam oder Mohn, wie heiße Maroni, wie Glühwein mit Ingwer und Zimt.

Hier, lieber Leser, verlässt die Geschichte die seligen Mohn- und Sesamfelder und bringt uns wieder zurück zu den Verkaufsständen auf der Graf Ignatiev-Straße, wo die Fleischer nur Schweinefleisch verkaufen, ohne Geschichten, und die Bouquinisten – am meisten diesen fetten Weihnachtsmonopolisten Dickens. Und keiner unserer Freunde heißt Auggie Wren.

Mir blieb nichts anderes übrig, als es mit einer alten Technik zum Anlocken von Geschichten zu versuchen, die ich auch andere Male in hoffnungslosen Fällen probiert habe.

Ich ging noch ein wenig weiter, kaufte mir eine Imkerzeitung und verschwand im idealen Café für die Geschichtenjagd. Ich werde mir die konkreteren Informationen darüber sparen, damit es nicht beginnt, sich mit Jägern zu füllen, und wir das Wild verschrecken. Wichtig ist, dass die Tische vergleichsweise nah beieinander stehen, die Musik ist ganz leise und du kannst stundenlang dort sitzen, was ich auch tat, unsichtbar wie die Zuckerdose und der Aschenbecher. Ein Ohr, das man wie einen alten Hut vergessen hat. Die wichtigste Regel beim Anlocken von Geschichten ist, dass man keinesfalls wie ein Jäger wirken darf. Deshalb kaufte ich mir diese milde, greisenhaft gutmütige Zeitung »Biene und Schwarm«, ich kaufe sie mir übrigens jede Saison, mir scheint, dass sie auch nicht öfter erscheint. Ich setzte mich an den Tisch in der Ecke, mit dem Rücken zum gesamten Lokal, streckte selig die Beine aus, steckte meine Nase in die Zeitung und wartete. Die winterliche Nachmittagssonne kroch über das Fenster wie eine aufgewärmte Fliege. Ich bestellte mir einen gewöhnlichen Kräutertee. Ein Ratschlag: Der unerfahrene Jäger bestellt sich dunklen Rum oder Bourbon, und diese schriftstellerische Eitelkeit kostet ihn den Kopf; deshalb bloß kein Geruch nach Schriftsteller, die Geschichten wittern die Falle sofort. Ende der Ratschläge.

Ich las langsam einen Artikel über die Winterpflege für Bienenvölker, dann über die richtige Aufbewahrung von Honig, Bienenwachs und Propolis. Ich verspürte das Vergnügen eines Menschen, der die Welt in ihrem vorweihnachtlichen Chaos hinter sich gelassen hat und friedlich seine schlafenden Bienen beobachtet. Ich fühlte mich unsichtbar und unschuldig wie ein Staubgefäß, aber trotzdem vergaß ich nicht, weshalb ich gekommen war. Bisher nichts. Ein paar Gespräche über die anrollende Grippewelle, von der die heutige Zeitung berichtete (meine schrieb nichts darüber), über Big Brother, dass es wohl auch als Buch erschienen sei, der Autor sei kein Bulgare, auf dem Einband stehe »Ihr werdet beobachtet« ... Ihr werdet belauscht, sagte ich mir schadenfroh, aber ich widerstand der Versuchung, mich umzudrehen. Aus Prinzip. Der Voyeurismus des Ohrs, den ich betreibe, war ohnedies eine ausreichend große Sünde, so dass ich vorläufig zumindest meinem Auge die Unschuld bewahrte. So funktioniert die Vorstellungskraft auch besser.

In diesem Moment hörte ich genau in meinem Rücken, das ist der Tisch hinter mir, ich kenne ihn gut, die Replik, die das übrige Hintergrundrauschen zum Verstummen brachte und mich die Ohren spitzen ließ. Nichts Besonderes auf den ersten Blick, eine ganz gewöhnliche Entgegnung, wenngleich auf Englisch formuliert: O, Henry, ich freue mich so, dass wir zusammen sind …

Ich wunderte mich, dass mir nicht aufgefallen war, wann dieses Paar hereingekommen war, wahrscheinlich war ich irgendwo bei den Bienenstöcken. Das Merkwürdige (außer dem Englischen, das nicht gerade zu den Hauptsprachen dieses Cafés gehört) war, dass ich die Antwort Henrys nicht hörte, seine geteilte Freude über das Treffen. Dann sagte die Frauenstimme, dass sie sich, auch wenn es erst weniger als einen Monat gehe, schon so an diese Treffen gewöhnt habe, dass sie sich nicht … Genau an dieser Stelle stellte mir die Kellnerin etwas gereizt den zweiten Tee hin, und ich verpasste das Ende des Satzes. Nach ihm folgte jedoch auf der anderen Seite erneut eine quälende Pause. Das war kein normales Gespräch. Warum antwortete Henry nicht, zum Teufel? Ob er verärgert war und schwieg, oder flüsterte er nur so leise? Mir dämmerte, dass er vielleicht taubstumm sein könnte, ihre Lippen las und in Gebärdensprache antwortete. Ja, ja, sagte die Frauenstimme. Pause. Erneut: Ja, langgezogen und mit einer Idee Schwermut. Und dann: Wir können schon Prost sagen, nicht wahr? Ich hörte kein Klirren von Gläsern.

Das Gespräch, falls man das überhaupt ein Gespräch nennen konnte, gänzlich getragen von ihrer Stimme, ging weiter mit dem Bedauern, dass sie an Weihnachten nicht zusammen sein würden, dass es notwendig sei und man nichts machen könne, dieses Weihnachten sei besonders wichtig für ihre Mutter und sie müsse bleiben, aber sie würden jeden Tag telefonieren, und danach würden sie sich nie wieder, wirklich nie wieder für mehr als ein paar Stunden trennen.

Aber als sie begann, ihm das Café zu beschreiben, in dem sie saßen, und dass es ganz nah bei ihrer Wohnung liege, kam mir das schon übertrieben vor. Der arme Henry, reichten ihm Taubheit und Stummheit nicht, jetzt würde er sich auch noch als blind erweisen. Ich bekenne, ich hielt es nicht mehr aus und verletzte zum ersten Mal meine Prinzipien. Ich drehte allmählich den Kopf: dunkle Haare mit Bob-Frisur, ein herrlicher Hals, eine schöne Schulter, dieser Henry ist ein Glückspilz, auch wenn er sein Glück nicht sehen kann. Ich drehte mich noch ein wenig weiter um, trat meine ganze Würde als Jäger in den Staub, um für einen Augenblick ihren schweigsamen Gesprächspartner zu erblicken, aber da war niemand. Henry hatte sich verflüchtigt, falls er überhaupt je dort gewesen war. Die Frau saß allein am Tisch hinter mir und fuhr mit dem Geplauder fort. Sie fragte, was man aus dem Fenster seines Bistros sehe, lachte leise, dann brachte sie mit der Hand lässig ihr Haar in Ordnung, und erst da sah ich die Kopfhörer und das Miniaturmikrofon. Ich entschuldigte mich in Gedanken bei Henry für die ihm angedichtete Taubheit, Stummheit und Blindheit. Das Telefongespräch ging noch zwei, drei Minuten weiter. Ich erfuhr, dass es in New York, von wo aus Henry offenbar anrief, jetzt Morgen war und dass das ein Ritual von ihnen war, ein Stelldichein an zwei Orten gleichzeitig, in zwei Zeitzonen. Der Nachmittag und der Morgen fielen für knapp zwanzig Minuten zusammen. Henry trank hier mit ihr seinen ersten Kaffee des Tages, in diesem ein wenig verrauchten Café, und zur gleichen Zeit saß sie mit ihm dort, irgendwo in Brooklyn, vor ihrem letzten Martini für diesen Tag (das trank sie, mit zwei Kirschen). Einen Moment lang fragte ich mich, ob nicht in dem anderen Bistro ein Brooklyner Jäger bei einem Mann genauer hinhorchte, der sich dort allein mit einer unsichtbaren schweigsamen Frau unterhielt. Und ob sich der Ozean, der dieses Paar voneinander trennte, nicht zurückgezogen hatte und für ein paar Minuten auf ein paar Tropfen Wasser auf dem Tisch zusammengeschrumpft war, vergossen von der nachlässigen Kellnerin, dort oder hier, einerlei. Und mich überkam ein schönes und warmes Gefühl, weihnachtlich und sentimental, mit der Vorahnung eines Wunders, wie Gaustín sagen würde. Ich weiß, dass es sich für einen Jäger nicht ziemt, in Rührung zu geraten, und dass die Geschichte nur darauf wartet, um wie ein Reh ins Dickicht zu entschlüpfen und für immer verloren zu gehen. Aber in diesem Fall hatte ich vergessen, dass ich Jäger bin, und die Geschichte tat etwas, was mir sehr selten passiert ist – sie kam zu mir und leckte sanft mein Ohr.

Einige Minuten, nachdem das Gespräch beendet und die Frau wahrscheinlich dabei war, ihren Martini auszutrinken, hörte ich erneut ihre Stimme – diesmal ganz sachlich, bulgarisch und entschlossen. Sie rief bei einem Reisebüro an, und es zeigte sich – ein wahres Wunder (wie sie selbst ausrief) –, dass es ein storniertes Flugticket über London gab. Und genau am 24. lande ich in New York! Reservieren Sie das Ticket um jeden Preis, ich hole Geld vom Automaten und komme – das war das Letzte, was sie sagte. Sie stand auf, zog sich im Gehen an, legte Geld auf die Bar und tauchte in die frühe Dezemberdämmerung ein.

Ich dachte, ich müsste sofort aufspringen, ihr hinterherrennen, sie einholen und ihr sagen, sie solle dieses Ticket sausen lassen, weil ich das Ende der Geschichte schon kannte, ich wusste, wie das Geschenk der Weisen aussehen kann. Die Sekunden verflossen und ich wurde immer unentschlossener. Welches Recht habe ich, in fremde Geschichten einzudringen, obendrein, wenn sie noch gar nicht passiert sind? Ich brauchte etwas Hartes nach den zwei Tees, bestellte einen doppelten Bourbon, und zum ersten Mal sah mich die Kellnerin wohlwollend an. Womit sich ihre Beteiligung an dieser Geschichte auch schon erschöpft.

Und so entwickeln sich die Dinge in weiterer Folge. Der Frau gelingt es, das Geld abzuheben, sie kauft das Ticket und fliegt am übernächsten Tag ab. Davor erklärt sie ihrer Mutter, warum sie an Weihnachten nicht mit ihr zusammen sein wird. Zu Henry kein Wort.

Er, seinerseits, bleibt, nachdem er aufgelegt hat, noch einige Minuten in dem Bistro sitzen, und es wird ihm immer klarer, dass er zum ersten Mal in seinem Leben eine Entscheidung gegen alle Regeln treffen wird. Gleich wird er beim Flughafen anrufen, dann seinen Chef, aber zuerst beim Flughafen, er wird alles stehen und liegen lassen, und zu Weihnachten wird er in dieser obskuren Hauptstadt auf dem Balkan landen. Und das wird sein Weihnachtsgeschenk sein, eine absolute Überraschung. Dein erster Schritt, der eines Mannes würdig ist, Henry, gratuliert er sich im Geiste und bestellt einen doppelten Bourbon. Es ist erst neun Uhr morgens, was die Kellnerin dazu bringt, ihn zum ersten Mal nicht wohlwollend anzusehen. Aber auch sie wird an der Geschichte vorbeigehen, weil Henry wohl wirklich verknallt ist. In die unsichtbare Frau auf der anderen Seite der Erde.

Ich sehe sie ganz deutlich, wie sie vor Heiligabend durch die New Yorker Dämmerung irrt, am Ende nimmt sie ein Taxi, nennt die Adresse, und in weniger als einer Stunde steht sie schon vor einem Hauseingang in Brooklyn. Sie hat eine Idee, sieht sich um und taucht etwas weiter die Straße hinauf ins weiche Licht eines Bistros ein, das ihr so bekannt vorkommt, als hätte sie vor einigen Tagen ihren Martini dort getrunken.

Sie tritt ein, setzt sich an einen Tisch am Fenster, holt ihr Telefon heraus, bestellt einen Martini. Jetzt wird sie ihn anrufen, er soll auf einen Sprung herunterkommen. Er wird es natürlich nicht glauben können, aber …

Ich sehe ihn ganz deutlich, wie er vor Heiligabend durch die Sofioter Dämmerung irrt, an lärmenden Mengen junger Menschen vorbeigeht, den kleinen Zettel mit der Adresse in seiner Hand betrachtet und die merkwürdigen Buchstaben, mit denen die Straßenschilder beschriftet sind, er hält jemanden auf, fragt. Dann sieht er dieses Café, das ihm vor einigen Tagen beschrieben worden ist, in dem er wohl vor einigen Tagen gewesen ist. Und er beschließt, sich hineinzusetzen, sie von hier aus anzurufen und ihr zu sagen, dass er sie im Café gegenüber ihrer Wohnung erwarte. Sie wird es natürlich nicht glauben können, aber …

Doch jetzt sind es noch drei Tage bis Weihnachten. Das Einzige, was ich mit Sicherheit weiß, ist, dass ich an Heiligabend hier warten werde. Und wenn nach dem zweiten Tee ein glücklicher und verwirrter junger Mann hereinkommt, sich an den Tisch hinter mir setzt, eine Telefonnummer wählt und sagt: This is Henry, my love … und mit vollkommen gespielter Lässigkeit verkündet, dass er sie im Café vor ihrem Haus erwarte, und sie nur die Kraft hat zu sagen: O, Henry …, dann werden also Weihnachtsgeschichten doch wahr. Auch wenn es Geschichten vom Einander-Verpassen sind. In diesem Verpassen liegt mehr Liebe als in allen Begegnungen der Welt, falls euch das nicht zu sentimental klingt. Aber zu Weihnachten ist das erlaubt. Nicht wahr, O. Henry?

Für Lora

Es war am ersten Tag des Jahres 2000, welches nach Meinung der einen das letzte des Jahrhunderts, nach Meinung der anderen das letzte der Welt sein sollte. Wie dem auch sei, wenn es denn ein Ende war, dann begann es herrlich. Sofia unter dem Schnee. Ich kann mich erinnern, dass er tief war, unerwartet sauber, und die Welt sah in gewissem Sinne wie neugeboren aus. Der erste Januar ist immer schwer zu überstehen, du musst mit all der Unbestimmtheit von etwas zurechtkommen, das den Anspruch erhebt, ein Anfang zu sein, in Wirklichkeit aber ein ganz gewöhnlicher öder Nachmittag nach einer schweren Nacht ist. Ich hielt es zu Hause nicht aus, beschloss hinauszugehen, die Straßen leer, der Schnee, wie gesagt, unglaublich. Ich versuchte, noch ein wenig Licht zu erhaschen, und ich habe keine Erklärung dafür, warum ich mich zum Haus Javorovs aufmachte. Dort befand sich die Redaktion des »Literaturen vestnik«, aber wer ist schon so verrückt, am ersten Januar zur Arbeit zu gehen.

Das Wort »Redaktion« war ein wenig größer als der Raum selbst, in den sich die Zeitung nach vielen Wanderungen gezwängt hatte. Ein Zimmerchen, drei Meter lang, zweieinhalb breit, vollgepackt mit Zeitungen, einem Schreibtisch und einem alten Computer. Aber in was für einem Haus! Man sagt, dass gerade dies das Zimmerchen gewesen sei, aus dem das Dienstmädchen in jener Nacht gerannt kam, oder eher an jenem Morgen im November 1913, und rief: »Die gnädige Frau hat sich umgebracht! Die gnädige Frau hat sich umgebracht!«

Ein Haus mit einer düsteren Legende, in dem sich – außer den Mietern Javorov und Lora – auch der Hauswirt selbst Jahre später das Leben nahm, er erhängte sich am Dachbalken. Ein Haus, in dem man immer nur das eine im Sinn hat.

Und so fand ich mich an diesem ersten Januar des fatalen Jahres 2000, dem letzten des Jahrhunderts, aus unbekannten Gründen im Hof von Javorovs Haus wieder, wo es keine menschlichen Fußspuren gab und der Schnee hüfthoch lag. Ich schloss das Tor auf, konnte es nur mit Mühe öffnen, stapfte durch den Schnee, kam auf der Vorderseite am Denkmal Javorovs vorbei, ich erinnere mich nicht, ob ich ihm nicht sogar leicht zunickte, immerhin war er ein Teil des Jahrhunderts, das wir verabschiedeten. Ist das nicht erstaunlich, wir haben in ein und demselben Jahrhundert gelebt wie Javorov.

Ich schloss vorsichtig die Haustür auf und blieb ein wenig im Korridor stehen. Wer schon einmal in einem alten Haus gewesen ist, das eingeschneit wurde, weiß, von was für einer monströsen Stille die Rede ist, durchbrochen nur von vereinzelten undeutlichen Geräuschen.

Ich schloss auch die Tür zum Zimmerchen der Zeitung auf, erstaunlich aufgeräumt und still. Nur auf dem leeren runden Tisch lag ein weißer Briefumschlag. Ich näherte mich und erstarrte. Auf dem Umschlag standen in schöner Handschrift nur zwei Wörter: »Für Lora«. Es gibt solche Augenblicke, wo etwas im Mechanismus der Zeit knirscht, sich für eine Sekunde verschiebt, bevor es wieder seinen Platz einnimmt. War das das Ende des 20. Jahrhunderts oder sein Anfang? Oder hatten sich Ende und Anfang im Unheil verkündenden Jahr 2000 verzahnt? Auf dem unberührten Schnee gab es keine Spur von Mensch oder Tier, von niemandem, der den Brief zugestellt haben könnte. Ich war mit Sicherheit der erste Besucher des Hauses in diesem Jahr. Oh, »Fleisch und leichte Erscheinung …«

Einige Sekunden, so lang halten diese Wunder an, dann rückt alles wieder an seinen Platz. Aber ja, die Korrektorin unserer Zeitung heißt Lora, wahrscheinlich hat ihr jemand Ende Dezember Materialien dagelassen.
Du schaltest die Lampe ein, zündest eine Zigarette an, während der Nachmittag verraucht. Nie wird es übertrieben dunkel, wenn Schnee liegt. Auch nicht so sinnlos, wie es am ersten Tag des Jahres nach solchen Nachmittagen immer ist. Eigentlich wird mir jetzt bewusst, dass ich den Brief auf dem Tisch gar nicht geöffnet habe, noch habe ich unsere Lora gefragt, ob er wirklich für sie war. Und was, wenn nicht?

Pejo Javorov (1878-1914) gilt als einer der Begründer des bulgarischen Symbolismus. Seine Frau Lora erschoss sich am Abend des 29. November 1913 nach einer Eifersuchtsszene, woraufhin auch er versuchte, sich das Leben zu nehmen. Der Schuss in die Schläfe war jedoch nicht letal, sondern ließ ihn erblinden. Das und der Kummer darüber, dass man ihn verdächtigte, seine Frau getötet zu haben, führten schließlich dazu, dass er am 29. Oktober 1914 eine große Menge Gift schluckte und sich anschließend erschoss. Die Zeile »Fleisch und leichte Erscheinung« stammt aus seinem Gedicht *Für Lora.*

Tee aus Kirschen

An dem Tag, an dem er jenes wunderliche Zeichen erhalten sollte, ging er eiligen Schrittes seine übliche Route. Wir müssen präzisieren, dass diese Zielstrebigkeit seines Gangs eher eine Gewohnheit als eine Notwendigkeit war. Irgendein seltsamer Vorwand. Er erweckte den Anschein eines Menschen, den wichtige Angelegenheiten und keinen Aufschub duldende Verabredungen erwarteten, er sah sogar nervös auf seine Uhr und erhöhte allmählich das Tempo. Das Endziel dieses energischen Gehens war immer ein und dasselbe – das Zigarettengeschäft. Er hatte sich absichtlich das weiter entfernte ausgesucht, das einige Querstraßen von seiner Wohnung lag. Er hatte zumindest drei Gründe für diese Wahl: Es war weit genug entfernt für einen längeren Spaziergang, es öffnete morgens als erstes im Viertel, und im Lächeln der Verkäuferin lag etwas Besonderes, jenseits der gewöhnlichen Freundlichkeit. Oder zumindest kam es ihm so vor. Er steckte die Zigaretten ein, lächelte zerstreut und machte sich danach mit derselben Hastigkeit auf den Rückweg. Nirgends wartete jemand auf ihn. Er hatte den Verlag vor mehr als einem halben Jahr verlassen, um sich ganz dem Schreiben zu widmen. Sein erstes Buch mit Erzählungen machte vor einiger Zeit für hiesige Verhältnisse enorm Eindruck, und dies gab ihm den Mut, das sklavische Lesen fremder Manuskripte aufzugeben und seinem Talent die notwendige Zeit einzuräumen. Er schloss sich zu Hause ein, sagte die geschäftlichen Treffen ab, danach auch die privaten. Und … nichts. Nicht eine einzige publizierte

Zeile in sechs Monaten. Selbst die Zeitschriften, die vorher beharrlich mit Einladungen bei ihm angerufen hatten, schrieben ihn allmählich ab. Ein unklares Gefühl von Schuld und Scheitern schwirrte auch jetzt in seinem Kopf herum, das ihn dazu brachte, seine Schritte zu beschleunigen, als würde ihn im Computer eine kurz vor ihrem Finale zurückgelassene Erzählung erwarten.

Später würde er sich deutlich daran erinnern, wie gerade an diesem Tag ihn etwas dazu brachte, am Münzfernsprecher an der Ecke stehenzubleiben, an dem er immer vorbeikam. Auf der verschmutzten Oberfläche bemerkte er eine Aufschrift mit schwarzem Filzstift. Er näherte sich und las: »Als ich heiratete, wurde ich zu einer alten Frau.« Die Formulierung gefiel ihm, er dachte sich, das wäre ein guter Anfang für eine Erzählung. Er zog schnell das Notizbuch hervor, um sie abzuschreiben, und erst dann bemerkte er, dass ein wenig weiter unten, unter dem Satz, eine Telefonnummer stand. Er las sie einige Male, um sich vom Offensichtlichen zu überzeugen. Es war seine eigene. Für alle Fälle schrieb er auch sie ab. Er fühlte sich total blöd, hob den Hörer ab und wählte die Ziffern, als erwartete er, am anderen Ende seine eigene Stimme zu hören. Freizeichen. Er blieb so stehen, ungefähr eine Minute lang, hypnotisiert durch das gleichmäßige Tuten, dann legte er langsam den Hörer auf. An diesem frühen Aprilmorgen war die Straße fast leer, wenn man von der Dame mit dem Hündchen (einem weißen Spitz) absah, die um die Ecke bog, und vom Kleinbus, der Brot für den kleinen Laden am anderen Ende brachte. Alles in allem nichts Verdächtiges.

Er zog ein Taschentuch hervor und wischte schnell seine Telefonnummer weg. Sie ließ sich leichter entfernen, als er erwartet hatte, offenbar war sie frisch. Er machte sich auf den Weg, wobei er sich mehrere Male abrupt umdrehte, ohne sicher zu sein, was er eigentlich zu sehen erwartete. Ob es nicht am besten wäre, wenn er sich in einem Hauseingang versteckte, in der heimlichen Hoffnung, der Urheber des Scherzes würde an den Ort des Verbrechens zurückkehren? Doch er sagte sich, das wäre ein Zeichen schlechten Geschmacks, der von den schlechten Manuskripten kam, die er im Laufe der Jahre im Verlag verschlungen hatte. Am Ende ging er nach Hause, um in Ruhe über alles nachzudenken.

Er setzte sich, schlug sein Notizbuch auf, zündete sich eine Zigarette an und begann, verschiedene Versionen durchzuspielen. Sein Verstand lief auf Hochtouren, das erste Mal seit sechs Monaten. Er las den abgeschriebenen Satz erneut, kritzelte irgendwelche Wörter, verband sie mit Pfeilen, strich alles durch und begann von vorn. Er verspürte ein seltsames Vergnügen, im Endeffekt arbeitete er erneut, er dichtete. Es zeichneten sich drei Versionen ab, eine absurder als die andere.
Die finsterste war, dass er total durchgedreht war, eine besondere Form des Somnambulismus oder Lunatismus entwickelt hatte (letzteres klang besser), infolge der er nachts aufsteht, die Tür aufschließt, hinausgeht und seltsame Sätze auf Telefonzellen schreibt, wobei er mit seiner eigenen Telefonnummer unterschreibt. Stimmt schon, die Handschrift war eine andere, aber bei einigen Formen der Schizophrenie schreibt man vielleicht auch wie ein anderer.
Die zweite Version zog seine Ex-Frau mit hinein, die sich plötzlich an ihn erinnert hatte, speziell aus Florida zurückgekommen war, wo sie glücklich mit ihrem neuen Ehemann lebte, und einen perfiden Racheplan ausgearbeitet hatte. Was ihm definitiv noch weniger wahrscheinlich vorkam als die erste Version.
Die dritte Version drehte sich um einen erfolglosen Schriftsteller, dessen Manuskript er einmal zur Publikation abgelehnt hatte. Und jetzt würde Tag für Tag, Satz für Satz das ganze

Manuskript auf dem alten, schäbigen Münzfernsprecher veröffentlicht werden. Und immer würde darunter die Telefonnummer des verantwortlichen Lektors stehen, als abschreckendes Beispiel.

Nein, das ist nicht seriös, sagte er sich, als er die Versionen erneut durchging. Er musste allerdings eingestehen, dass sich seine Phantasie zum ersten Mal nach so langer Zeit wieder befreit hatte. Er fühlte sich erschöpft und schlief tief und fest, wie er seit einem halben Jahr nicht mehr geschlafen hatte.

Am nächsten Tag erwachte er mit der angenehmen Unruhe, dass etwas passieren würde. Der kleine Kirschgarten im Hinterhof des Mietshauses (eigentlich genau drei Bäume) war innerhalb einer Nacht erblüht. Die Sonne schien, Spatzen flatterten munter durch die Äste unter dem Fenster, und all dies ließ die gestrige Geschichte heller und leicht irreal erscheinen. Er ging seine gewöhnliche Route zum kleinen Zigarettengeschäft, und als er sich der Telefonzelle näherte, verlangsamte er seine Schritte immer mehr. Er beschloss, nicht stehenzubleiben, ging ganz langsam daran vorbei. Keine neue Aufschrift. Er fühlte sich betrogen. Nach allen Regeln musste es neue Zeichen geben, weitere Spuren. Irgendjemand brach das Spiel ganz an seinem Anfang ab. Er betrat den kleinen Laden sichtlich niedergeschlagen, verlangte nach den üblichen zwei Schachteln Zigaretten, und während er sie in die Tasche steckte, sagte das Mädchen hinter dem Tresen leise:

»Man hat mich gebeten, Ihnen etwas zu übergeben«, und sie reichte ihm einen kleinen Umschlag.

»Woher wissen Sie, dass er ausgerechnet für mich ist?«, fragte er ein wenig nervös.

Auf dem Umschlag, blassrosa (oh Schreck!), war deutlich sein eigener Name zu lesen.

»So sagte es mir … die Frau … Sie wusste, dass Sie morgens herkommen«, das Mädchen war sichtlich verlegen. »Ich habe

Ihre Erzählungen gelesen … Ihr Buch … Sie sehen sich auf dem Foto nicht sehr ähnlich …«

»Wie hat diese Frau ausgesehen?«

»Naja … irgendwie besonders, ich weiß nicht … Sie kauft hier nicht ein.«

Unglücklicherweise kamen genau da neue Kunden herein, er dankte dem Mädchen verlegen und brach auf. Er hielt den Briefumschlag in seiner Tasche umklammert und beschloss, ihn nicht zu öffnen, bevor er zu Hause war. Als er erneut an dem Münzfernsprecher vorbeikam, fiel ihm etwas ein. Er blieb stehen, nahm den Briefumschlag für eine Sekunde heraus, verglich die Handschrift mit der gestrigen Aufschrift und ging sichtlich zufrieden weiter. Es war dieselbe, das Spiel ging weiter. Bereits in seinem Zimmer angekommen, holte er den Brief erneut hervor. Auf dem Umschlag stand nur sein Name, ohne Adresse, und an der Stelle des Absenders standen die Nummer eines Postfachs und die Initialen R. O. A. Und warum diese grässliche rosa Farbe, dachte er, als befänden wir uns im neunzehnten Jahrhundert, und überhaupt, was sollen diese Umschläge, Briefe … Aber von seiner gespielten Verachtung blieb nichts übrig, nachdem er den Umschlag geöffnet hatte.

Ganz oben auf dem weißen Blatt Papier war der Name Rosalia Ossipovna Aromat zu lesen. Einen merkwürdigeren und absurderen Namen konnte man sich nicht ausdenken. Das also verbarg sich hinter den Initialen. Und auch die Farbe des Umschlags passte. Er führte ihn an seine Nase, nein, er roch nach nichts. Oder vielleicht ganz leicht, ein kaum wahrnehmbares Aroma, wie aus einem Parfümflakon, der mehr als ein Jahrhundert offen herumgestanden hat.

Unter dem Namen standen in einer leicht geneigten Handschrift einige seltsame Sätze geschrieben, jeweils durch drei Punkte voneinander getrennt:

…

Es war eine so romantische Hochzeit, und später – was für Dummköpfe! Was für Babys!

…

Das Dienstmädchen Nadja verliebte sich in den Kammerjäger.

…

Sie drangsalierten das Mädchen mit Rizinusöl, woraufhin sie nicht heiratete.

…

In einem Liebesbrief: eine beigelegte Briefmarke für die Antwort.

Er las sie wieder und wieder. Vertauschte ihre Reihenfolge, fügte jenen Satz vom Münzfernsprecher hinzu, brachte sie in verschiedene Kombinationen. In einem Augenblick begannen die Sätze, wie eine Geschichte zu klingen, aber entblößt, nein, bis auf die Knochen abgenagt, nur ein Skelett. Danach erschienen sie ihm wie fünf einzelne Geschichten, dann wie fünf Anfänge, wie fünf Schlüsse – sie passten ideal an jede Stelle. Aber all das gab nicht die wichtigsten Antworten: Woher kamen sie? Wer schickte sie? Warum gerade ihm? Und was, zum Teufel, sollte dieses ganze seltsame Spiel bedeuten, das innerhalb von zwei Morgen auf seinen talentlosen Kopf eingestürzt war?

Und trotzdem klangen die Sätze bekannt, aber er kam überhaupt nicht drauf, woher. Vielleicht liegt darin das ganze Rätsel, ich muss unbedingt die Quelle finden. Es lag etwas Russisches und Klassisches in ihnen, in der Kombination von Gefühl und Unverfrorenheit, in der Wortstellung, im rosa Umschlag, schließlich auch im Namen der Absenderin.

Dostojewski fiel als erster weg, nicht, dass er nicht sentimental wäre, aber dort gab es etwas anderes, andere Düfte, andere Miasmen. Hier war das Aroma kaum wahrnehmbar, leicht, mit einem Hauch Ironie. Er holte den ganzen Turgenjew vom Regal, blätterte ihn nervös durch – nein, nein, nein. Gogol

– nein, diese Nase kann man nicht verwechseln. Lermontow – kühler dämonisch, er kannte ihn fast auswendig. Bunin? … Er las wahllos. Es blieb nur einer. Tschechow, natürlich, der liebe Anton Pawlowitsch. Er nahm die acht Bände vom obersten Regalbrett, wischte den Staub weg, streichelte beinah ihre harten Einbände. Seelchen …

Er schlug langsam Band für Band auf und versank in ihnen, die Stunden verflogen in einer besonderen Tschechow-Leichtigkeit. Heilsames und berauschendes Lesen, als hätten sich die drei Kirschbäume im Hinterhof des Mietshauses in sein Schlafzimmer verpflanzt, das Parkett knackte, und rosa Blüten fielen zwischen die Seiten. Aber Rosalia Ossipovna wollte partout nicht auftauchen. Im Zimmer wimmelte es von Menschen wie an einem Provinzbahnhof am Sonntag, wo allerlei Maschas, Olgas, Dunjas, Sonjas, Anna Sergejevnas und Vera Josifovas aneinander vorbeigingen … aber keine Spur von Rosalia Ossipovna. Bei Tagesanbruch überkam ihn die Verzweiflung vollends, er packte die Bände an beiden Buchdeckeln wie Rebhühner an den Flügeln und schüttelte sie, als erwartete er, dass irgendwoher, leicht wie eine Feder, diese merkwürdige Dame herausgleiten würde oder zumindest ein Blütenblättchen ihres Namens. Dann beschloss er, an ihnen zu riechen, er schlug sie auf und schnupperte wie ein Jagdhund, um zumindest eine Spur von ihrem Aroma zu entdecken, aber wieder nichts. Am Ende griff er niedergeschlagen zum letzten, dem achten Band, ohne Hoffnung, weil er nur Kommentare, Notizen und Briefe enthielt. Er schlug ihn aufs Geratewohl auf und sein Blick bohrte sich in den Namen. Rosalia Ossipovna Aromat! Es tauchte auch die Frau vom Münzfernsprecher auf, die plötzlich gealtert war nach der Hochzeit, und was für Dummköpfe! was für Babys!, und alles, alles … Der Abschnitt hieß »Aus den Notizbüchern Tschechows«. Nie zuvor hatte er ihm Beachtung geschenkt. Die seltsame Rosalia Ossipovna war vielleicht eine verwirrte Tschechow-Leserin, die auch diese nicht geschriebenen Geschichten haben wollte, vollendet, warum auch immer, durch seine Hand. In diesem Fall war das eine Bestellung. Oder sie wollte ihm einfach die Ideen schenken, ihn aus seinem Loch herausholen. Höchstwahrscheinlich beides. In jedem Fall war es das Netteste, was in letzter Zeit jemand für ihn getan hatte. In feiner Ausarbeitung, mit Zeichen, mit einem Mysterium.

Noch in derselben Minute nahm er ein weißes Blatt Papier und schrieb:

Teure Rosalia Ossipovna,

jetzt, wo ich Ihnen diese Zeilen schreibe, blühen in meinem Zimmer drei Kirschbäume, der Boden ist mit Rosa bedeckt, und draußen zeigt sich ein herrlicher Aprilmorgen. Mit einem Wort – Frühling mit all seinen Einzelheiten, so würde er sagen, unser gemeinsamer … Verzeihen Sie, ich finde das richtige Wort nicht, genauer, ich wage nicht, es auszusprechen.

Ich, Rosalia Ossipovna, bin zutiefst verwirrt. Also sagen Sie mir ehrlich – kennen wir einander, und warum tun Sie dies überhaupt für mich – nach alledem … Ich weiß einfach nicht, was ich sagen soll …

Einfach … oh Gott, diese Wiederholungen … geben Sie ein Zeichen, schreiben Sie mir, lassen Sie uns irgendwo Tee trinken.

Ihr N. N.

Er stand auf, steckte den Brief in einen Umschlag und ging hinaus.

Zwei Tage später wollte er gerade Zigaretten kaufen gehen, als er in seinem Briefkasten einen rosa Umschlag erblickte. Er öffnete ihn sofort, und während er die Stufen hinauf zurück in seine Wohnung lief, las er:

Verehrter N. N.,
Ich bin vollkommen glücklich und zufrieden … Ich wollte nur Bescheid geben. Ihre ungeschriebenen Geschichten fehlen wie die unseres gemeinsamen … nennen wir ihn Verfasser oder Inspirator, einerlei. Sie verstehen selbst, ich muss verschwinden, nehmen Sie an, dass ich mit meinem Ehemann nach Jalta verreise (der Frühling verschlimmert sein Rheuma) … Ich werde auf die neuen Erzählungen warten.
Und ein Rat: Schieben Sie den Tee nicht auf, den wir nicht trinken werden, er wird sonst kalt.
Ihre Rosalia Ossipovna

Ob es nicht doch die Dame aus den Notizbüchern war, die eine eigene Geschichte haben wollte, um nicht nur ein Name zu bleiben … »Der Name der Rosalia«, lächelte er. Uns bleiben nur nackte Namen, schrieb jener Professor aus Bologna. Uns bleibt eigentlich nur die nackte Geschichte. Irgendwo wartete eine Frau darauf, ausgedacht zu werden. Und er würde mit ihr den ganzen Tee der Welt austrinken.
Erst dann drehte er das Blatt Papier um und sah, dass es auf der Rückseite ein Postskriptum gab:

P.S.:
Übrigens, ist Ihnen aufgefallen, dass im Tabakgeschäft alle möglichen Arten von Tee verkauft werden, sogar aus Kirschen? Und dort erwarten sie Sie jeden Tag …

Er suchte automatisch nach einer Zigarette, fand aber keine. Was für ein Dummkopf er doch war. Während er zum Geschäft rannte, ordnete sich der Tag von allein an, leicht, auf Tschechow-Art. Sie werden Tee trinken. Später wird er schreiben.

Fotografie

Vor einiger Zeit rief mich ein deutscher Journalist an, der an einem Projekt arbeite: »Lebende Schriftsteller auf Friedhöfen«. Zum Projekt gehöre ein Interview mit dem jeweiligen Schriftsteller auf seinem Lieblingsfriedhof und ein Foto mit einer speziellen Retrofototechnik. Er habe solche Gespräche schon mit John Banville und Margaret Atwood geführt. Paul Auster habe abgesagt, weil er Angst vor Friedhöfen habe usw. Eine schräge Sache, aber ich mag Friedhöfe und sagte zu. Ich war zu der Zeit in Berlin und schlug sofort einen meiner Berliner Lieblingsfriedhöfe vor, nahe dem türkischen Markt in Schöneberg. Der Journalist hatte aber einen konkreten bulgarischen Friedhof aus einer alten Erzählung von mir im Sinn und fragte, ob er wirklich existierte. Ja, er existierte, aber in einem Dorf tief im bulgarischen Südosten, ungefähr 2500 km von dem Ort entfernt, an dem dieses Gespräch geführt wurde. Und ein halbes Jahr von dem Zeitpunkt, an dem ich nach Bulgarien zurückkehren würde. Das macht nichts, ich werde warten, sagte der deutsche Journalist, ich werde im August anrufen.

Der August kam, und ich hatte diese ganze Angelegenheit fast aus meinem Gehirn gelöscht, als ich Mitte des Monats eine Mail von dem deutschen Journalisten erhielt – ob es möglich wäre, das Gespräch jetzt zu führen. Ich entschuldigte mich, dass ich nur innerhalb der nächsten drei Tage könne, mit dem Gedanken, dass er es wohl kaum schaffen würde, in so kurzer Zeit von Berlin in dieses Dorf zu gelangen, in das ich auch schon seit Jahren keinen Fuß mehr gesetzt hatte. Aber wenn

es um Organisation geht, unterschätze nie die Deutschen, hier ist das Klischee zutreffend. Fünfzehn Minuten später hatte er sich bereits übers Internet ein Ticket gekauft, ein Hotel für eine Nacht in Sofia reserviert und sogar eine Fahrkarte für den Expresszug nach Jambol früh am nächsten Morgen.
Jetzt erschrak wiederum ich, weil dieser Mann den ganzen Weg von Berlin kommen würde für einen Dorffriedhof, von dem ich nicht einmal sicher war, ob er noch existierte. Das letzte Mal, dass ich dort war, lag genau dreißig Jahre zurück. Wie dem auch sei, ich holte am nächsten Morgen den deutschen Journalisten vom Jamboler Bahnhof ab. Er war ein wenig jünger als ich, begeistert von der Reise in einem bulgarischen Zug. Ein Teil seiner Begeisterung war der Tatsache geschuldet, dass niemand ihn beraubt hatte, eine Gefahr, vor der ihn seine Freunde gewarnt hatten. Er hatte eine große Fototasche mit Stativ, Reflektor und Entwicklern dabei. Wir stiegen ins Auto und fuhren ins Dorf. Unterwegs versuchte ich, ihn darauf vorzubereiten, dass der Friedhof vielleicht ganz verwildert sein könnte usw. Aber seine Erzählung von den wilden Friedhöfen in Peru und Argentinien, woher er gerade zurückkam, beruhigte mich ein wenig.
Wir kamen an. Es war später Nachmittag. Das Licht fiel weich, das war eine spezielle Bedingung für das Foto. Ringsum war wirklich keine Menschenseele. Ich bin mir nicht sicher, was heruntergekommener war – das Dorf oder sein alter Friedhof. Immerhin zeigte sich, dass er immer noch an Ort und Stelle war, unberührt seit mindestens fünfundzwanzig Jahren, seit man ihn geschlossen hatte. Die, die ihn früher einmal besuchten, lagen bereits auf dem neuen Friedhof, am anderen Ende des Dorfes. Seit Ewigkeiten hatte niemand mehr einen Fuß hier hinein gesetzt.
Mein Vater, Tobias – so hieß der Journalist – und ich stapften durch das hohe, gelb gewordene Gras. Unsere Schritte raschel-

ten und scheuchten erschrockene Heuschrecken auf. Schritte im trockenen Gras und das schwache Summen von Mücken – das müsste man aufnehmen und sich anhören. Dasselbe, absolut dasselbe Geräusch wie vor dreißig Jahren, damals schritt ich mit meiner Großmutter, die jetzt dort liegt, durchs Gras. Manche Dinge verändern sich nicht. Trockenes Gras und Mücken, die uns überleben werden, der ewige Soundtrack in diesen Gegenden. Wir gingen und schwiegen. Er war schön, dieser Friedhof, das Gras war ausgebleicht, die Grabsteine einfach, aus Stein. Nichts vom späten Marmorkitsch der neueren Friedhöfe. Eine Hainbuche, eine Buche, Dornensträucher und Hagebutten, einige wilde Birnbäume, zwei Kirschbäume und ein Apfelbaum. Ein wilder Obstgarten, der den Tod erträglich erscheinen ließ. Ringsum die leere thrakische Ebene, im Hintergrund ein Hügel. Und der deutsche Fotojournalist, der zwischen den Steinen des Friedhofs das Stativ seiner speziellen »Polaroid« für Schwarzweißaufnahmen hinter sich her schleifte, dann mein Vater, unser Führer, der ungeschickt mit einem runden Reflektor für die späte Augustsonne hin und her ging, und am Ende ich mit einem Zinkeimer für den Entwickler, mitgenommen aus dem Dorf.

Ich versuchte, die Stelle zu finden, zu der ich das letzte Mal als Neunjähriger mit meiner Großmutter gekommen war. Sie hatte ihr eigenes Ritual gehabt. Sie ging zuerst und ganz schnell am Grab ihrer Schwiegereltern vorbei. Sie blieb bei ihrer Mutter stehen (ihr Vater war irgendwo an der Front geblieben). Und dann setzte sie sich zur kleinen Kala, zum Grab ihrer Tochter, vier Jahre alt. Ich wusste, dass sie hier lang sitzen und still vor sich hin weinen würde, so dass ich selbst meinen Spaziergang über den Friedhof begann. Ich erinnerte mich, wie ich vor den steinernen Kreuzen stand, aufgeheizt vom August, so hoch wie sie, wie ich mit dem Finger die in den Stein gehauenen Buchstaben nachfuhr, ich buchstabierte meine ersten warmen und harten Wörter, die zerbröselten und feinen Staub auf den Händen hinterließen. Geboren am … Gestorben am … Zwei Zahlen und ein Bindestrich dazwischen. Ich dachte mir, je länger der Bindestrich ist, desto länger hat der Mensch gelebt.

Schließlich fand ich den Stein, ein kleines Grab aus dem Jahr 1942, das der kleinen Kala. Und daneben das meiner Großmutter, sie hatte immer darauf bestanden, dass es hier sein sollte, endlich waren sie vereint. Hier würde das Foto aufgenommen werden. Tobias stellte das Stativ auf, maß die Helligkeit, arrangierte meinen Vater mit dem Reflektor. Er holte den schweren altmodischen Apparat hervor, fixierte ihn lang, am Ende warf er auch das schwarze Tuch darüber, wie ich es nur im Kino gesehen hatte. Ich stand neben dem Stein, während er sich vorbereitete, und plötzlich hatte ich schrecklich Lust, durch den Fotoapparat zu sehen. Aber nur für Sekunden, sagte Tobias, damit wir das Licht nicht verpassen. Ich steckte meinen Kopf unter das Tuch, schaute in den schwarzen Kasten und sah kopfüber, leicht unscharf, mich selbst mit neun und meine Großmutter, die mich an der Hand hielt. Hinter ihren Röcken schaute die kleine Kala hervor, vier, blasser. Und im Hintergrund die ganzen dörflichen Heerscharen … Alle Verstorbenen, junge und alte, sie hatten sich die Erde abgeklopft, grinsten, waren so herausgeputzt, wie sie verabschiedet worden waren, sie stellten sich für das Foto auf, mit herausgestreckter Brust, ein wenig steif, als hätten sie einen Besenstiel verschluckt.

Ich machte die Augen zu und wieder auf, so lang, wie die Belichtungszeit sein müsste, und zog meinen Kopf mit dem ganzen Friedhof darin schnell unter dem schwarzen Überwurf hervor. Bevor ich vergessen hätte, auf welcher Seite der Fotografie ich mich befand.

Treffen mit einem Floralier

Er mietete ein Zimmer in diesem entlegenen Motel, um die letzten Tage in Ruhe zu erwarten, weit weg vom ganzen Chaos. Man hatte bereits offiziell verkündet, dass man nichts mehr für die Welt tun könne. Seine bescheidene persönliche Apokalypse war acht Jahr zuvor gekommen, als seine Tochter verschwand. Sie war erst sechzehn. Bei der Polizei schenkte man ihm keinerlei Beachtung, er hatte es auch nicht erwartet, deshalb beschloss er, selbst nach ihr zu suchen. Er wanderte durch allerlei Orte mit Häusern und Menschen. Er ging zu Fuß. Schon lang fuhren keine Verkehrsmittel mehr. Das Fahrrad und das Pferd wurden erneut wichtig und sündteuer. Die Menschen erinnerten sich, dass sie Beine haben. Er spähte hinter jede Ecke, hatte Fotos dabei, stellte Fragen, die Städte waren übervoll von Leuten, die von überallher zusammengeströmt kamen. Nichts. Er wusste nicht mehr, worauf er hoffen sollte.

Er ging hinaus, um in der Umgebung spazieren zu gehen und die letzten Minuten des Sonnenuntergangs zu erhaschen, das war seine Zeit. Er ging ziemlich lang. Er brauchte so eine Wildnis. Er schritt über verlassene Pfade, überwuchert von Dornensträuchern und Lianen, die an der Kleidung hafteten, rundum bluteten Hagebutten, riesige Pilze in grellen Farben türmten sich übereinander auf. Der Überfluss der letzten Tage, dachte er sich.

Dann sah er die Frau. Unglaublich dünn und langgestreckt, nicht einfach nur groß, sondern langgestreckt stand sie auf dem einzigen Hügelchen ringsum. Es lag etwas Merkwürdiges in der Haltung ihres Körpers. Sie stand wie in Richtung Sonne verbogen da, ganz den letzten Strahlen hingegeben, sie aufsaugend. Sie schien ihm durchsichtig. Das Licht durchdrang ungehindert ihren Körper, wie einen dünnen, feinen Filter. Die Sonne hatte jenen Rand des Horizonts erreicht, wenn sie jenseits des Sichtbaren versinkt, eine leichte Kühle wehte vom Himmel her, und das Blau verdunkelte sich. Der Körper der Frau veränderte sich ebenfalls mit jeder Veränderung des Lichts. Ein leichtes Zittern, wie ein Ahornblatt, ohne Windhauch. Ein kaum sichtbares Herabsinken des Kopfes, eine traurige Windung des Halses – die Pose eines Menschen, der mit jeder vergangenen Sekunde verlassen wird. Und die Trauer des Verlassenen wuchs mit derselben Geschwindigkeit, Zentimeter für Zentimeter und Sekunde für Sekunde. Als wagte er es nicht, schlagartig traurig zu werden, die Schleuse seiner Trauer zu öffnen, die Flüsse des Weinens strömen zu lassen, um nicht seinerseits das Weggehende traurig zu stimmen. Oder um seine Flucht nicht zu beschleunigen.

Sobald die Sonne hinter dem Horizont versunken war, verschränkte die Frau langsam die Arme vor der Brust, als würde sie sich in sich selbst einkuscheln, und ihr Zittern verstärkte sich sichtlich.

Das ist eine von der Pflanzensekte, entschied er. Er hatte von ihnen nur gehört. Sie glaubten, dass der Mensch ein natürlicher Teil der Pflanzenwelt sei. Eine höhere Pflanze, mit der besonderen Gunst beschenkt, sich zu bewegen. Aber im Endeffekt habe er diese göttliche, d.h. florale Natur vergessen, mehr noch, er habe sich bewusst gegen sie entwickelt. Die Katastrophe, von der alle erwarteten, dass sie sich in diesen letzten Tagen entladen würde, mehrte jede Art von Predigern und Lehren. Die Floralier, wie sie sich selbst nannten, waren ein gesonderter Teil, die Märtyrer der großen Sünde gegen die Natur. Der Mensch ist eine Pflanze, behaupteten sie, und kann allein von Sonne und Wasser leben. Er hatte gehört, dass einige sich von Erde ernährten. Darin seien alle notwendigen Elemente und Nährstoffe enthalten. Aber auch sie war bereits vergiftet. Er dachte, sie seien nur eine weitere urbane Legende, obwohl sie ja gerade antiurbane Wesen waren. Sie bewegten sich angeblich durch entlegene und schwer zugängliche Zonen, betraten keine besiedelten Orte. All das erklärte die Schwierigkeit, einen Floralier zu treffen.

Was wusste er sonst noch über sie? Die Langsamkeit sei eine ihrer Eigenschaften und ein Wert, den sie predigten. Langsamkeit spart Energie. Man erzählte, ihre Körper seien durchsichtig und man könne manchmal das pulsierende Herz, die Dolden der Lunge, die Bewegung der Flüssigkeiten in ihnen sehen …

Er ging auf sie zu, wobei er darauf achtete, so laut wie möglich auf die ersten trockenen Blätter des frühen Septembers zu treten, damit seine Schritte zu hören waren. Hoffentlich erschreckte er sie nicht. Das letzte Jahr hatte er vollends aufgehört, sich zu rasieren, und ließ seinen Bart ungehindert wachsen. Der Clochard der letzten Tage, so nannte er sich. Sie drehte sich sehr langsam um und machte einen zaghaften Versuch, mit der Freundlichkeit des Fremden zu lächeln. Sie war schön und schrecklich zugleich. Riesige, grüne, unmenschliche Augen. Man konnte die dünnen Adern in ihrer Regenbogenhaut sehen. Ein schmales und längliches Gesicht. Er hatte immer gewusst, dass die Körper der Menschen der letzten Tage nach Giacometti kommen würden.

Kann ich ein wenig hier stehen?

Er hatte noch nie so vollständige Stille gehört. Er spürte, wie seine Worte sich mit Mühe einen Weg durch die dichte Dämmerung bahnten. Es kam ihm so vor, als würden sich um sie herum konzentrische Kreise bilden. Wie die flachen Steine, die sie einst über das Wasser des Sees hüpfen ließen.

Sie nickte nur.
Ob die Floralier überhaupt sprachen? Natürlich, sie waren schließlich vor nicht mehr als zehn Jahren aufgetaucht, es war unmöglich, die Sprache in dieser kurzen Zeit zu vergessen. Er wartete ab, dass die Kreise um seine Worte sich legten und die Stille wieder zwischen ihnen einzog. Wundervoll war dieser Ort.
Ein wundervoller Ort, sagte er, jetzt leiser.
Und die Luft ist so dicht, antwortete sie.
Er war verwundert, wie normal ihre Stimme klang. Als hätte er erwartet, etwas Rauschendes zu hören, wie eine Linde, die vom Wind in Bewegung versetzt wird, oder wer weiß was.
Das Gespräch nahm auf einmal Fahrt auf, er ließ sich hinreißen, begann sogar eine kleine Diskussion darüber, wo der Mensch eigentlich zwischen Tier und Pflanze stehe. Er schätzte die Tatsache, dass das Mädchen den Ball sehr gekonnt zurückspielte. Er beharrte darauf, dass der Mensch funktional, physiologisch, den Instinkten und dem Verhalten nach dem gewöhnlichsten Tier näher, hundertmal näher sei als der höchsten Pflanze. Näher dem Regenwurm, sagte er, wobei er den Wurm beobachtete, der vor ihnen vorbeikroch, als dem Ginkgo biloba. Ihre Antwort, er musste es zugeben, war niederschmetternd. Poesie und Logik, Physik und Metaphysik waren unerschütterlich in ihr vereint.
Tiere leben horizontal, sagte sie, Pflanzen und Menschen aber in der Vertikale.
Er hatte so ein Argument nicht erwartet. Er fühlte sich wie früher einmal bei den endlosen Streitgesprächen mit seiner Tochter, wenn sie den offensichtlichsten und unerwartetsten Beweis auspackte. Natürlich sind wir vertikal. Er wollte, dass sie noch blieb und das Gespräch weiterging. Er dachte sich, dass er während dieser ganzen Zeit in der falschen Richtung gesucht hatte, dass er, hätte er seine Tochter nur ein bisschen

gekannt, nie die verstopften Städte nach ihr durchstreift hätte. Ich suche nach meiner Tochter, sagte er. Ich dachte, Sie könnten sie vielleicht gesehen haben. Er wollte sagen, dass sie nicht wie ein Floralier aussehe, dass sie normal aussehe, aber er hielt rechtzeitig inne. Und unerwartet für sich selbst begann er, von ihr zu erzählen, als könnte das helfen, eine Spur ergeben. Er erzählte, wie sie permanent über alles stritten, wie wenig sie aß, wie sie sich weigerte, Pflanzen zu essen, weil das wie Kannibalismus sei. Wie sie sich einmal bei Tisch über die Wiedergeburt in die Haare gerieten, und während er einen Salatkopf schnitt, sagte sie zu ihm, pass auf, es könnte deine Urgroßmutter sein. Er hätte sich fast totgelacht. Er erzählte, wie sie sich ausgerechnet eine Pflanze als Haustier genommen habe, einen Ficus benjamini, immer gegen den Strom schwimmen. Wie sie mit dem Ficus spazieren ging, solang er noch klein war, wie sie zu ihm sprach und die anderen mit den Hunden und Katzen sie schief ansahen.

Das erste Mal, als seine Blätter abzufallen begannen, sagte er, klebte sie sie die ganze Nacht heimlich mit Klebeband wieder an die Äste.

Mit einem Klebstoff, sagte sie leise, angerührt aus Mehl und Wasser …

Die Gesichter der letzten Tage

Uns sind einige Leben passiert. Und nicht ein einziges davon haben wir zu Ende geführt …
Graffito in einer Unterführung

Die Apokalypse, das sind nicht unbedingt Feuer und Schwefel, Reiter, posaunende Engel, globaler Zusammenbruch. Manchmal ist das Ende der Welt etwas sehr Persönliches …
Gaustín, Letzte Aufzeichnungen

Ich stehe hier, spiele und beobachte. Das Akkordeon ist das beste Alibi. Niemand sieht einem Straßenmusikanten in die Augen. Dafür kann ich mir die Passanten anschauen, so viel ich will. Ich betrachte sie und frage mich, ob das menschliche Gesicht sich verändert. Wie werden wohl die Gesichter der Menschen der letzten Tage aussehen? Sind es diese, die gerade hier vorbeikommen, oder muss ich auf andere warten? Werde ich sie erkennen? Wird man Bescheid geben? Ob ihre Stimmen anders sein werden? Ich höre nur einzelne Sätze. Entsprechend den Schritten, mit denen sie an mir vorbeigehen. Ich erfinde Geschichten für sie. Jeder braucht eine Geschichte, mit der er dort vorstellig wird, so habe ich es gelernt. Denn seltsame Dinge passieren in letzter Zeit, die Liebe erkaltet und das Salz ist nicht mehr salzig … Aber wer bin ich schon zu behaupten, die Zeit sei gekommen. Ich bin nur ein Akkordeonist. Andere sind die Posaunenbläser. Und wenn ihre Posaunen aus irgendeiner Unterführung zu posaunen anfangen, werde ich aufstehen, ruhig das Akkordeon zusammenpacken, meine Mütze aufsetzen und den anderen folgen. Dort, wo erzählt werden wird. Und ich werde den Anfang machen.

Der Akkordeonist

Meinen ersten Mord verübte ich mit neun. Es war ein im voraus geplanter, kaltblütiger Mord. Ich hatte auch eine Komplizin, Tichomira, die Enkelin der Nachbarn. Taubstumm, zehn Jahre alt, lebte sie bei ihrer Großmutter. Sie war die ideale Komplizin, sie würde nicht plaudern.

Wir verübten ihn am Dienstagnachmittag gegen drei. Zu dieser Zeit ist es wie ausgestorben. Die Eltern sind bei der Arbeit, und die alten Leute schlafen wie tot. So sagt man in unserer Gegend, sie schlafen wie tot, das hat nichts mit dem Verbrechen zu tun, von dem ich berichte. Aber wer weiß, vielleicht doch.

Ich nahm das Akkordeon, bedeckte es mit einer alten Uniformjacke, damit man es nicht sah, und brachte es ans Ende des Hofs, hinter die Schuppen, zu einem alten Feigenbaum. Dann ging ich zurück, um das große Küchenmesser zu holen, die Mordwaffe. Tichomira erwartete mich bereits am Feigenbaum. Wir hatten zuvor ein Loch gegraben, um die Leiche zu beseitigen.

Warum hasste ich dieses Akkordeon so sehr?

Weil ich mich seiner schämte. Weil ich Klavier spielen wollte, ich träumte von einem Klavier, weil das Mädchen, in das ich verliebt war, ein Klavier hatte, wohl das einzige in der Stadt. Wir hatten nicht so viel Geld, und mein Vater schenkte mir zum Geburtstag ein Akkordeon. Weltmeister. Das beste. Aber ich wollte doch kein Akkordeon … Später erfuhr ich, dass er ein ganzes Jahr darauf gespart hatte.

Ich schämte mich, Akkordeon spielten die Zigeuner bei den Hochzeiten, Klavier hingegen …

Auf dem Akkordeon spielte man »Roten Wein trank ich gestern Naaacht …«, das Klavier war »Für Elise«, »Mondscheinsonate« …

Aber es ist doch wie das Klavier, es ist praktisch dasselbe, sagte mein Vater, da sind die Tasten, nur dass es kleiner ist und transportabel.

Ich wusste, dass es nicht dasselbe ist. Das Akkordeon ist das Klavier des armen Mannes. Wenn du das nicht haben kannst, was du willst, findet sich fast immer etwas, das praktisch dasselbe ist. Ich stellte mir vor, wie ich mit dem Akkordeon auf dem Rücken durch die Straßen gehe und die Mädchen mich verspotten: Spielst du auf einer Hochzeit oder bei einer Taufe?

Ich zog das Messer aus meiner Hemdbrust, schlug die Uniformjacke vom Akkordeon zurück, und dann wurde mir klar, was ich tat, aber es war schon zu spät, um mich umzuentscheiden, und obendrein sah Tichomira mir zu. Eigentlich sind Akkordeons schön, rot, schimmernd, schuppig wie ein Drache, dann das Weiß und Schwarz der Tasten, es glich einem merkwürdigen Tier, jedenfalls etwas Lebendigem und Atmendem. Ich zog es ganz auf, holte zusammen mit ihm Luft und stieß das Messer in seine Brust. Ich erinnere mich, dass ich augenblicklich zurückwich, als erwartete ich, es würde aufspringen, mich mit Blut bespritzen. So sprangen die Hühner immer auf, nachdem ihnen meine Großmutter den Kopf abgehackt hatte. Kein Blut, keine Musik, nur ein hhhhhhhhh… hhhhhhhhh…

Ich werde es nie vergessen.

Schnell verscharrten wir es, bedeckten die Stelle mit ein wenig Laub, damit man die feuchte Erde nicht sah. Ich zitterte am ganzen Leib, am Abend wurde ich krank, gestand alles, mein Vater schlug mich nicht, schimpfte nicht mit mir, schwieg nur und rauchte am Fenster. Sehr verwirrt und sehr gealtert, so kam er mir vor.

Ich fühlte mich schrecklich schuldig. Und seinetwegen ent-

schloss ich mich, es trotzdem mit dem Akkordeon zu versuchen. Wir brachten es zu einem Meister, er klebte es, nähte es. Wir haben es aus dem Jenseits zurückgeholt, sagte er.
Da ist es, wie viele Jahre doch seit damals vergangen sind, das Zerrissene ist zur heilsten Stelle geworden.

Ihr werdet mich, wenn es Abend wird, in den Unterführungen der Welt sehen. Mit anderen verhinderten Pianisten wie mir ... Rumänen, Bulgaren, Ukrainer ...
Ah, du kommst auch von dort, wo sie Akkordeonisten für die Bahnhöfe produzieren, sagte einer zu mir. Von dort komme ich ...

Jetzt ziehe ich mich zurück und werde unsichtbar wie ein Ohr. Das Ohr von einem, der in der Unterführung lauscht.

Die Müden

1
Ich bin so müde, ich hoffe, es gibt danach kein anderes Leben. Seit Jahren schon habe ich niemanden mehr umarmt ... und mich hat auch niemand ... ich gehe zur Massage ...
Ich nehme immer die U-Bahn um ungefähr sechs, wenn sie am vollsten ist, es soll schön gesteckt voll sein, so will ich es haben. Du entschuldigst dich nicht, wenn du jemanden berührst. Und du wirst auch berührt. Es riecht nach Menschen. Es riecht nach dem Ort, von wo sie kommen, und ich weiß nicht, wie das geht, aber es riecht auch nach dem Ort, wohin sie fahren. Nach Häusern, nach Frauen und Kindern, nach Fernsehern und Zeitungen, nach Abendessen. Es reicht mir zu wissen, dass auch so ein Leben existiert.

2

Sonntag, früher Abend, wenn es beginnt, dunkel zu werden, ist das die schwerste Zeit für mich, ich halte es kaum aus … Irgendetwas hat sich hier breitgemacht, mitten im Wohnzimmer, wie eine Kuh, wie ein Seehund … Nur das Telefon vermag es zu erschrecken. Einmal läutete es, vor einem Monat, verwählt … und jenes etwas war in Nullkommanichts draußen. Jetzt lasse ich eine alte Bekannte jeden Sonntagabend um sieben bei mir anrufen. Jeden Sonntag gegen sieben. Ich bezahle sie dafür, das ist eine Dienstleistung. Tagsüber verkaufe ich Lotterielose …

Der Unbemerkbare

Niemand hat mich je bemerkt. Ich hinterlasse keine Erinnerungen. Ich hinterlasse keine Spuren. Einmal hatten wir ein Klassentreffen, zehnjähriges. Alle erzählten Erinnerungen und Geschichten wild drauf los. Ich kam in keiner einzigen davon vor. Sie begannen zu streiten, wer wo gesessen hatte, sie erstellten einen kompletten Sitzplan, nur ein Platz blieb frei … in der letzten Reihe an der Wand. Dort saß ich. Sie musterten mich, sagten »ah, das kann sein, ja«, aber sie waren sich nicht vollständig sicher, ob ich überhaupt in dieser Klasse gewesen war.

Mache ich mich daran, etwas zu erzählen, unterbricht man mich immer vor Ende des ersten Satzes. Muss ich erst jemanden erschießen oder Geiseln nehmen, meinen Selbstmord von der Spitze des zentralen Hotels ankündigen, damit man mich bemerkt, damit sich eine Träne im Auge der Welt bildet? Ich muss mir jedes Mal zweimal den Kaffee bestellen, weil man mich übersieht.

Es war ein richtiges Wunder, dass mir eine Frau vorschlug zu heiraten und sogar ein Kind zu bekommen … von mir, zumindest kommt es mir so vor. Nach weniger als einem Jahr öffnete ich aus Versehen ihre Mails und erfuhr alles über mich selbst. Die beeindruckendste Charakterisierung war *hollow man*, in Kursiv. Ich begriff, dass es ein Zitat war, meine Frau liest sehr viel, sie ist Philosophin. Ich fand es später, ein Gedicht, ich lernte es auswendig.

Dort, in ihren Mails, stand auch, ich sei wie die Schatten aus Platons Höhlengleichnis, ich habe euch ja gesagt, dass sie gut ist. In einer anderen Mail schrieb sie, dass gestern die rechte Hälfte des Betts leer schien, dass man nicht einmal hört, wie ich atme, ich hätte keinerlei Geruch. Was noch, dass ich keine anderen Frauen anschaue, nicht fluche, nicht einmal einen Tropfen auf dem Rand der Toilettenschüssel hinterlasse. Ja, ja, solche Dinge hatte sie geschrieben. An wen die Mails gingen? Diese Person existiert nicht mehr. T. R., ein siebenundfünfzigjähriger Mann, Literaturredakteur, vor seinem Computer zu Hause erschossen.

Und niemand verdächtigte mich. Sie schrieben es irgendeinem Heckenschützen zu.

Der Beobachtete

Alles beobachtet mich. Ich setze mich an den Tisch und weiß, dass der Salzstreuer ein Auge ist. Das Auge eines Insekts, es sieht mich mit jedem Löchlein an. Auch die Essig-Karaffe sieht mich mit ihrem einen Auge an, wie ein Zyklop. Und die Blätter an den Bäumen. Woran erinnern dich die Blätter an den Bäumen, na? Die Form ist ganz und gar kein Zufall, Gott spielt keine Zufallsspielchen, er gibt Zeichen. Ein Auge. Das Blatt hat die Form eines Auges.

Ich schließe mich in meinem Zimmer ein, lasse die Jalousien

herunter. Das Zimmer ist absolut leer, vier weiße Wände, Decke und Boden. Das Fenster, wie bereits erwähnt, komplett mit der Jalousie abgedeckt. Und verflucht, ich spüre seine kleinen Äuglein. Durch die Löcher in der Steckdose. Von dort schaut er herein. Wenn ich mich sehr schnell umdrehe, kann ich seinen Schatten sehen, während er in sie hineinschlüpft.
Und was ist die Lampe, die von der Decke hängt, anderes, wenn nicht ein Auge. Es tut so, als sei es eine Lampe, es ist so offensichtlich, es versucht nicht einmal, sich zu verstecken, gläsernen Blicks hängt es an seinem Augennerv, getarnt als Kabel. Ganz zu schweigen von den Leuten, ich setze mich immer mit dem Rücken zur Wand. Eines Tages werde ich losgehen, und alles, was mich länger als drei Sekunden ansieht, Mensch, Tier oder Salzstreuer … mehr als drei Sekunden … wird sich von all seinen Augen verabschieden müssen.
Wie man so schön sagt, die Tatsache, dass ich Paranoiker bin, bedeutet nicht, dass man mich nicht verfolgt. Ich habe Beweise. Ich habe ihre Akte gelesen, sie hat mich schon bespitzelt, als wir noch zusammen waren, sogar über die Alten hat sie geschrieben. Unsere Ehe war keine Ehe, sondern eine Mission. Später entdeckte ich die größte Verschwörung. Der Fernseher. Das ist der wahre Spion. Wir denken, dass wir ihn anschauen, aber eigentlich sieht er uns an. Eine geniale Erfindung. Die größte Verschwörung.
Ich habe neun Fernseher erschossen …
Und ich bin immer noch nicht in den Nachrichten. Eigentlich weiß ich es gar nicht, weil ich sie gern zu genau der Zeit erschieße. Die in den untersten Stockwerken sind am einfachsten, ich habe eine gerade Schussbahn. Es bleiben zwölf Sekunden bis sechs, da ist die Uhr, das Signal, ich warte die Nachrichtensprecherin in Nahaufnahme ab, ah, eine neue Frisur, soooo … Und genau, wenn sie mir einen »Guten Abend mit den Nachrichten um sechs« wünscht … Peng, peng.

Ich habe ihr gesagt, sie soll nicht bei den Nachrichten anfangen.

Der Jagger

Ich hatte einen Freund, den Jagger. Er arbeitete als Mick Jagger. Er kannte alle Stücke der Stones, hatte all ihre Scheiben (was für jene Zeit, die Siebziger und Achtziger, nicht leicht war), einige Male war er deswegen im Arrest gelandet. Er ähnelte Jagger auffallend. Es war ihm sogar gelungen, am selben Tag geboren zu sein, dem 26. Juli. Während der Neunziger, als man bereits reisen konnte, verpfändete er das Haus seiner Mutter und reiste Jagger bei einer Tour durch Kanada hinterher. Er kam nach sechs Monaten zurück und sagte:
»Er imitiert mich nur noch. Dieser Bastard hat mir mein Leben gestohlen, es sei ihm gegönnt … Er vermarktet sich gut, das muss man ihm lassen.«
Er konnte das Geld nicht zurückzahlen, sie nahmen ihm das Haus weg, seiner Mutter gelang es, Unterschlupf zu finden – sie starb. Er landete auf der Straße, der Jagger, und trotzdem war er der coolste unter den Pennern, Beggars Banquet.

Der Sandmensch

Der Sandkasten ist riesig, genug Platz für alle Kinder. Ich stehe am einen Ende, dem am weitesten entfernten. Ich habe keinen Eimer und keine Schaufel. Mit der Hand ziehe ich einen Kreis, dann male ich mit einem Stöckchen Augen, eine Nase, einen Mund. Die einen haben kurze Haare und sind Väter, die anderen, mit langen Haaren, sind Mütter. Manchmal zeigen die Mundwinkel nach oben, was ein Lächeln ist. Manchmal

zeigen sie nach unten, was Trauer bedeutet. Dann ebne ich das Gesicht ein. Und Schluss. Das ist kein Sandkasten mehr, sondern ein Friedhof.
Am schlimmsten ist es, wenn es beginnt, dunkel zu werden. Sogar die Mütter fürchten sich vor der Nacht. Plötzlich haben sie es eilig, rufen ihre Kinder, alles füllt sich mit Namen ... und nach einigen Minuten ist der Spielplatz leer.
Mich holt niemand ab.
Ich kann im ganzen Sandkasten spielen und ihn mit Sandmüttern und -vätern füllen. Das Schöne an den Sandmenschen ist, dass sie sehr leicht zu machen und nicht wählerisch sind. Außerdem bekommen die Sandmenschen keinen Sand in die Augen. Das war ein Scherz. Die Sandmenschen verstehen meine Scherze. Wenn ich ihre Mundwinkel nach oben zeichne.
Es ist schon ganz dunkel. Ich muss gestehen, dass die Nächte objektiv schrecklich sind. Ich liebe das Wort »objektiv«. Ich hörte zwei Mütter, als sie sich unterhielten: »Du weißt doch, was eine Mutter gesagt hat: Objektiv gesehen ist mein Baby das schönste.« Die beiden lachten sehr und wiederholten einige Male »objektiv gesehen« ... Ich will auch jemanden zum Lachen bringen. Deshalb sammle ich alle möglichen lustigen Wörter, wie eben »objektiv«. Ich lache nie. Ich weiß nicht, warum. Ich kann die Lippen nach oben ziehen. Ich entblöße meine Zähne. Ich weiß, je mehr Zähne ich entblöße, desto breiter ist mein Lächeln. Und ich versuche, ein Geräusch zu erzeugen, das in den Büchern mit »hi-hi-hi« wiedergegeben wird ... Obwohl ich es andernorts als »ha-ha-ha« oder »ho-ho-ho« angetroffen habe. Aber es wird nicht mehr als ein Spasmus der Gesichtsmuskulatur daraus, wie der Jagger einmal sagte, ein Freund, der mich dabei ertappte, wie ich übte. Was ist das für ein Spasmus der Gesichtsmuskeln, sagte er. Naja, ich will lachen lernen, sagte ich zu ihm, und ich wurde ganz rot. Ich

werde immer rot, und wenn ich spüre, dass ich rot werde, werde ich noch röter.

Man sagt, ich sei vierzig.

Man hat mich vorgestern im Sandkasten vergessen, als ich noch drei war. Man nennt mich den Sandmenschen. Hier bin ich jeden Nachmittag. Das ist … die Geschichte. Je öfter ich sie erzähle, sagt der Jagger zu mir, desto größer wird meine Chance. In geometrischer Progression.

Danke.

Der alte Mann und das Meer

Ich habe die Pflicht, noch zu Beginn dieser Geschichte zu sagen, dass überhaupt kein Meer in ihr vorkommt, auch kein Fisch, der achtzehn Fuß lang ist. Obendrein hat mir Hemingway nie sonderlich gefallen. Aber dieser Geschichte würde es gut zu Gesicht stehen, von ihm erzählt zu werden, ich kann noch nicht einmal erklären, warum. Ich lege Wert darauf anzumerken, dass sie ganz echt ist und sogar frisch, obwohl alle Geschichtenverkäufer, sogar die betrügerischen Zwischenhändler, von ihrer Ware dasselbe behaupten. Wir beginnen.

Er war ein alter Mann, der allein in seinem Haus auf dem Land lebte, und siehe da, schon vierundachtzig Tage lang versteifte er sich darauf, dass er dieses Haus nicht verkaufen würde, solange er auf der Welt wäre. Seine Tochter, die im Ausland lebte, hatte eine Firma gefunden, die Firma hatte Käufer gefunden, die Käufer waren Engländer, es war gutes Geld, auch andere Interessenten trieben sich herum. Das Haus befand sich in guter Lage, auf einer Anhöhe, mit Ausblick auf die Berge und einem großen, luftigen Hof. Das Gebäude selbst allerdings pfiff aus dem letzten Loch, es hatte eine kräftige Sanierung notwendig, das Dach musste neu gedeckt werden, der eine oder andere Balken gewechselt. Der alte Mann hatte nicht mehr die Kraft, es selbst zu machen, und auch kein Geld, um andere kommen zu lassen. Der Herbst stand vor der Tür, und beim ersten Regen begann die Feuchtigkeit, an einer der Ecken hereinzukriechen.

Ich werde mich nicht ergeben, sagte sich der alte Mann. Ich

werde ein paar Sachen verkaufen, werde Bargeld sammeln und es ein wenig ausbessern. Er schickte den Bürgermeister weg, der jeden zweiten Tag vorbeikam, um zu überprüfen, ob sein Starrsinn nicht gebrochen war. Einige Male brachte der Bürgermeister auch die fraglichen Engländer mit, aber der alte Mann erschrak nicht und blieb ruhig und bestimmt. Fremde Armeen hast du hergebracht, Peterchen (so hieß der Bürgermeister), aber ihr werdet mir keine Angst machen. Sag ihnen, sie sollen sich anderswo ein Haus suchen, sie haben hier nichts verloren.

Der Bürgermeister sagte, die Leute würden gutes Geld bezahlen, und nannte eine Summe, die der alte Mann nie in seinem Leben gesehen hatte. Die Lage gefalle ihnen, sagte der Bürgermeister, sie interessieren sich nicht für das Haus, sie werden es abreißen, es wird ohnehin von selbst einstürzen, also nimm das Geld und geh zu deiner Tochter, solange sie dich noch wollen.

Das Haus ist nicht meines, mein Vater hat es gebaut, und es gibt keine Möglichkeit mehr, ihn zu fragen, ob er es hergeben würde oder nicht, sagte der alte Mann, kehrte ihnen den Rücken zu und verschwand im hohen Gras des Gartens.

Ich werde mich nicht ergeben, sagte er sich immer wieder und wunderte sich darüber, was die Engländer dazu brachte, die Häuser ihrer Väter im Stich zu lassen und fremde zu »besetzen«. In diesem Haus haben doch andere Menschen gewohnt. Also gut, die Lebenden wirst du vertreiben, du bezahlst sie, einen Lebenden kann man leicht betrügen, aber wie willst du die Toten von dort vertreiben, wie, fragte sich der alte Mann.

Die Regenfälle wurden jedoch immer häufiger, die Feuchtigkeit nahm bereits die ganze Ecke und die Nordwand ein, das Geld schmolz dahin. Und dann, am fünfundachtzigsten Tag, beschloss der alte Mann, vom Hausrat zu verkaufen, was immer er konnte, um das Haus zu retten. Irgendwo trieb er ein großes Stück Karton auf, band es mit einem Bindfaden an die kleine Tür und schrieb darauf in großen Buchstaben: *Zu verkaufen:*, und darunter in kleineren: *Fernseher.*

Er ging zurück ins Haus und schaltete den Fernseher aus. Ich muss mich daran gewöhnen, ohne ihn zu sein, dachte er. Doch niemand wollte den Fernseher kaufen, weder am nächsten noch am übernächsten Tag. Gut, sagte sich der alte Mann, und sah sich im Zimmer um, ich werde noch etwas verkaufen müssen. Seine Wahl fiel auf den Tisch. Für einen allein war das ein überflüssiger Luxus. Er nahm den Kugelschreiber und fügte auf dem Karton hinzu *und ein solider Holztisch mit zwei Stühlen.*

Er ging ins Haus zurück, und von diesem Augenblick an aß er nicht mehr am Tisch. Er war bereits zum Verkauf angeboten, er musste sich daran gewöhnen. Er setzte sich aufs Bett und aß auf die Schnelle auf seinem Schoß, was es gab. Es ging auch ohne Tisch. Keiner kaufte ihn in den folgenden Tagen. Die Leute hatten selber Tische. Dann war das Bett an der Reihe. Es war ein altes Eisenbett mit sehr festen Federn und bemaltem Kopf- und Fußteil. Der alte Mann sagte sich, jeder hätte gern ein solches Bett. Er nahm den Kugelschreiber und fügte auf dem Stück Karton hinzu *und ein Eisenbett mit bemaltem Kopf- und Fußteil mit Schwänen.*

Er schrieb es, und als er ins Zimmer kam, existierte das Bett bereits nicht mehr für ihn, ebenso wie der Tisch, die beiden Stühle und der Fernseher. Ich werde mich daran gewöhnen, sagte sich der alte Mann, ich schlafe ohnehin nur wie ein Spatz. Er legte die Matratze auf den Boden, deckte sich mit der Pelzjacke zu und lag so mit weit aufgerissenen Augen den ganzen Abend da. Niemand kaufte das Bett mit den Schwänen.

Gut, sagte der alte Mann, ihr wollt den Fernseher nicht, ihr wollt den Tisch nicht, ihr wollt das Bett nicht … Was wollt ihr

… Und er beschloss, sich vom Büfett zu trennen. Das Büfett war das Wertvollste in diesem Haus, aus massivem Nussholz, mit Schnitzereien, ein Geschenk der Trauzeugen zur Hochzeit, im unteren linken Eck stand geschrieben »Zur Erinnerung, 1937«. Der alte Mann nahm Dinge heraus, die sich im Lauf von Jahren angehäuft hatten, Tücher und Kleidungsstücke, von Motten zerfressen, Teller und Löffel. Er reihte sie in der einen Ecke auf. Zuletzt nahm er eine Garnitur Kleidung heraus – ein neues Hemd und eine Strickjacke, schon im Voraus für das letzte Ankleiden vorbereitet, so machte man das in dieser Gegend. Er ging hinaus, schnäuzte sich lang in sein Tuch, und nur die bebenden Schultern verrieten, dass er weinte. Danach nahm er den Kugelschreiber und fügte auf dem Karton hinzu *und das Büfett aus Walnuss, möge der Herr mir verzeihen.*

Niemand wollte das Büfett aus Walnuss. Einige Tage später entschloss sich der alte Mann zu einem letzten verzweifelten Schritt. Er hatte keine andere Wahl, es war auch nichts anderes mehr übrig, was er hätte anbieten können. Er säuberte den Ofen ordentlich von der Asche, ging mit Bronze-Lack über die Platte und das Ofenrohr, nahm den Kugelschreiber, ging hinaus, und in das dahinschmelzende leere Feld des Stücks Karton schrieb er *und ein Ofen mit zwei Raummetern Holz.*

Er dachte ein wenig nach und fügte ganz unten mit krakeliger Handschrift hinzu: *mehr habe ich nicht.*

Er zündete den Ofen nicht mehr an. Er aß auf seinem Schoß, auf dem Boden sitzend, schaltete den Fernseher nicht ein, schaute nicht zum Büfett, legte sich abends auf den Boden, und morgens fiel es ihm immer schwerer, seinen greisen Körper zu bewegen. Eines Tages ging er hinaus, kritzelte noch etwas auf den Karton und ging wieder hinein.

Der Winter geriet kalt, im Dezember wurden die Hauskäufer mit einem Mal weniger, die Engländer kehrten in ihre

Festungen zurück, der Bürgermeister zog zu seinem Sohn in die Stadt, und die Schakale ließen sich in den leeren Höfen nieder. Um den Nikolaustag herum fiel der erste Schnee und bedeckte langsam das Stück Karton, das vor die kleine Tür hinuntergerutscht war.

Zu verkaufen: Fernseher
und ein solider Holztisch mit zwei Stühlen
und ein Eisenbett mit bemaltem Kopf- und Fußteil mit Schwänen
und das Büfett aus Walnuss, möge der Herr mir verzeihen
und ein Ofen mit zwei Raummetern Holz,
mehr habe ich nicht.
A. T. 1913-1996

Six Degrees of Separation

»Aber ich habe dich gefunden, was? Zum Wohl ... Du hast nie verraten, wo du dich so lang verkrochen hattest. Zehn Jahre, Alter ...«

»Naja, du weißt, wie es ist, ich bin ein wenig gereist, der Job, hierhin, dorthin.«

»Ich weiß, ich weiß ...«

»Aber gut, dass du angerufen hast, siehst du, wir haben was gegessen, getrunken ... Jetzt muss ich aber gehen.«

»Ah, nein, nein ... Wohin so eilig ... Du bist bei mir zu Gast. Wie damals. Kannst du dich noch an unsere erste Rasur erinnern, in diesem Zimmer? Mit dem alten Rasiermesser meines Großvaters?«

»Das war ein Massaker.«

»Erster Bartwuchs, erstes Blut, wie alt waren wir, 17? Rasierklingen waren für die Weicheier, und wir mit dem Rasiermesser.«

»Gut, dass ich damals nicht zugestimmt habe, uns die Handgelenke aufzuschneiden und Blutsbrüder zu werden.«

»Ich war bereit, aber du hast gekniffen.«

»Ah, das hätte gerade noch gefehlt, dass wir uns schneiden.«

»Weißt du, dass ich es immer noch aufbewahre?«

»Was?«

»Das Rasiermesser, was sonst. Hör zu, lass mich dich noch einmal rasieren. Wie damals. Du bist ohnehin ziemlich unrasiert für einen Vierzigjährigen.«

»Machst du Scherze, was heißt, du willst mich jetzt rasieren?«

»Es dauert nur 10 Minuten … Wegen damals. Wir sind uns immerhin das Ritual schuldig. So viele Jahre haben wir uns nicht gesehen. Hast du je einen besseren Freund gehabt, na?«
»Habe ich nicht.«
»Wir haben uns nur getrennt, wenn wir schlafen gingen.«
»So war es … Prost.«
»Schau, ich werde dir sogar ein Handtuch umlegen.«
»Jetzt warte mal, warte …«
»Ganz ruhig, du bist bei mir zu Gast, es wird dich niemand sehen. Was ist, hast du Angst?«
»Nein, warum? Hast du von dem Sniper gehört, dem Serienfernsehmörder?«
»Habe ich. Jemand ist durchgedreht.«
»Es kommen wohl wirklich die letzten Tage, man muss ja Angst haben, auf die Straße zu gehen.«
»Unsinn, letzte Tage. Es ist schon immer so gewesen. So, ich binde dir das Tuch um.«
»Hast du immer noch nicht aufgegeben …«
»Gib mir dein Sakko, damit wir es nicht schmutzig machen. Sooo … Fertig.«
»Also das hatte ich mir nicht vorgestellt …«
»Bleib so, während ich die Seife aufschäume. Du sollst wissen, wie sehr ich mich freue, dass ich dich gefunden habe. Hast du von dieser Theorie gehört, dass man über 6 Menschen zu jedem auf der Erde gelangen kann? Statistisch gesehen. Als erster hat das ein Ungar überzuckert, noch vor dem Krieg.«
»Mann, die Ungarn sind schon sehr helle Köpfe. Hätten sie nur den Zauberwürfel erfunden, es hätte schon gereicht.«
»Stimmt, erinnerst du dich, wie das war, was haben wir herumgedreht … Und was für ein Aufwand, sich das Original zu besorgen, das ungarische. Wir hatten zwei, aber bulgarische, den einen haben wir vor lauter Drehen zerrissen, den anderen durfte man nicht anrühren, er stand auf dem Fernseher,

eingewickelt in Zellophan … Neben einem Roboter aus BT-Zigarettenschachteln.«
»Wir hatten auch so einen Roboter, aber aus roten Marlboros.«
»Du bist immer ein reicher Angeber gewesen. Ups, ich hab dich ein bisschen hinter dem Ohr angekleckert.«
»Naja, die besten Zigaretten waren ›Slănce‹ in der harten Verpackung.«
»Ich hab mit ›Stewardess‹ angefangen. Meine Tante wohnte damals bei uns, ich war acht, sie muss im Gymnasium gewesen sein. Sie rauchte ›Stewardess‹, und damit mein Bruder und ich sie nicht verrieten, ließ sie uns mal ziehen. Die schrecklichsten Zigaretten, die ich je probiert hab.«
»Was für ein Ekel.«
»Wer?«
»Deine Tante.«
»Ach was, sie war super. Und wie sind wir überhaupt auf meine Tante gekommen?«
»Ich weiß nicht, du hast etwas über die Ungarn angefangen. Aber rasier schon, sonst trocknet der Schaum an.«
»Ach ja, über die 6 Grade, dass jeder auf dieser Welt von jedem anderen durch sechs Menschen getrennt ist, annähernd. Jetzt schau einmal. Das hier bist du, und das, gib mir den Salzstreuer, das ist die Königin von England. Zwischen euch ist nicht mehr Abstand als sechs Menschen. Einer deiner Bekannten hat einen reichen Angeber zum Bekannten, der einen VIP-Bekannten hat, der einen noch VIPeren Bekannten hat … und so fort bis zu diesem Bekannten des Bekannten des Bekannten … der einmal Tee mit der Königin von England getrunken hat. Na?«
»Hm, ich kenne einen Jungen aus der Stadt, der ziemlich Karriere gemacht hat in London.«
»Siehst du, und meine radikale Version ist, dass nach dieser Logik auch jeder auf dieser Welt mit jedem geschlafen hat.«

»Jetzt hör aber auf, ich habe nicht mit der Queen geschlafen.«
»Wer weiß … folge dem Netz. Natürlich, das ist mir bewusst, hat nach derselben Logik auch jeder mit meiner Frau geschlafen.«
»Mmmm, nein, er könnte es nur getan haben.«
»Ah, er könnte … jeder könnte mit meiner Frau schlafen, ach so … Auch du … Halt still.«
»Aber nein … es ist doch eine Theorie.«
»Und du bist erschrocken. Lass es uns überprüfen. Erinnerst du dich an Nada?«
»Na, wie soll ich mich nicht an sie erinnern, ihr wart doch sieben Jahre zusammen und, naja …«
»Du hast damals mit ihr geschlafen.«
»Nein, nein, jetzt warte mal …«
»Ganz ruhig, sie hat es mir gesagt. Es sei an jenem Abend gewesen, im Wochenendhaus, als man mich aus dem Krankenhaus anrief, dass sie den Alten als Notfall aufgenommen hätten, und ich schnell zum Bahnhof rennen musste …«
»Schau …«
»Mach das Netz nicht kaputt! Und beweg dich nicht so viel, sonst … Du hast also mit Nada geschlafen, die mit mir schlief. Ha, hier zeigt sich schon auf der zweiten Ebene, dass die Theorie funktioniert. Du bist durch mein Bett gegangen, du Bastard. Verflucht, du hast mit mir geschlafen. Danach habe ich mit meiner Frau geschlafen. Ich werde es dir sagen, weil ich weiß, dass du dich fragst, warum dieser Dummkopf Nada hat sitzen lassen und direkt die erstbeste dahergelaufene Frau geheiratet hat, die ihm über den Weg lief. Wegen eben jenes Abends … Ich machte der sanftesten und unscheinbarsten Frau einen Antrag, der es nicht im Traum einfallen würde … Ein schöner Trottel …«
»Du hast kein Recht, so über sie zu sprechen …«
»Schweig! Wir sind also bis zu dem Punkt gekommen, wo du

mit mir geschlafen hast, und ich entsprechend mit meiner sanften Frau, also hast du … Wie konntest du es ein zweites Mal tun? Wie konntest du nur … So viele Jahre … du hättest es mir sagen können … Nada hat es mir damals gesagt, sie konnte es, aber du hast dich gewunden, bist verschwunden, hast dich versteckt …«

»Jetzt warte mal, Mann, und sei vorsichtig mit …«

»Weißt du, wie Nada gestorben ist?«

»Mmmmm …«

»Weißt du, welches Datum heute ist?«

»Etwas um den zwanzigsten Oktober.«

»Der siebenundzwanzigste, du Bastard. Heute sind es zehn Jahre, seit … Erinnere dich wenigstens an den Tod der Frauen, mit denen du geschlafen hast. Halt still, ich werde dir noch das Ohr abschneiden … Die Welt werde untergehen … Dann soll sie doch untergehen. Ich pfeif auf so eine Welt. Aber es seien die letzten Tage … Und wenn es die letzten Tage sind, sollen wir uns dann wie Schweine aufführen? Aufhören, uns zu rasieren? Unsere Freunde im Stich lassen? Ihre Frauen vögeln? Beug den Kopf ein wenig vor. Alles sei jetzt erlaubt, weil es die letzten Tage sind … Und wenn sie es nicht sind? Wenn man morgen wieder leben muss …
Fertig.«

Und alles wurde Mond

Kastor P. ging sterben. Er hatte neunundsiebzig Jahre lang gelebt und sah keinen Sinn darin weiterzumachen. In seiner Entscheidung lagen weder überflüssige Tragik noch Selbstmitleid. Sein Großvater war mit neunundsiebzig gestorben, sein Vater ging ebenfalls von ihnen, bevor er achtzig wurde, Kastor befand dieses Alter für ehrbar und von der Natur vorherbestimmt, ohne die Tricks des Genmodellierens.

Er musste nur noch einige Formalitäten erledigen. Der Tod lässt uns organisiert werden, dachte er, während er zum Zentralbüro des Amts zur Finalisierung des Lebensweges »Letzte Wünsche« ging. Es klang wie »letzte Bestellungen, bitte«. Früher einmal starben die Menschen einfach, dachte er mit einer gewissen Schwermut. Jetzt war sogar der Tod formalisiert. Ihm standen noch fünfundvierzig Jahre auf der Erde zu. Er hatte eine reguläre Versicherung, die ihm ein Leben bis zum hundertfünfundzwanzigsten Lebensjahr garantierte. Das war die offizielle Obergrenze, obwohl man sich inoffiziell erzählte, dass die VIPs und die reichen kosmischen Rentiers bis zu dreihundert und mehr Jahre »kauften«. Er hatte das Recht, auf den ihm zustehenden Rest Leben zu verzichten, er musste nur eine persönliche Erklärung einreichen, sie einige Monate später erneut bestätigen, und das genaue Datum musste angesetzt werden.

Seit dem Tag, an dem er die erste Erklärung abgegeben hatte, waren genau drei Monate vergangen. Der einzige Wunsch, den er dem Amt vorlegte, war, man möge ein Benachrichtigungstelegramm an seinen Sohn schicken. »Haben Sie andere Verwandte und Freunde im Weltall? Wir können auch ihnen eine Mitteilung schicken. Ihre Versicherung deckt alles ab.« »Ich habe keine anderen Verwandten und Freunde im … Weltall«, entgegnete er. Die Sprache ist eine gefährliche Sache. Alle sprachen bereits in diesem kosmischen Maßstab. Er hatte sich schlecht gefühlt. Es ist eine Sache, niemanden innerhalb der Grenzen der Erde zu haben, etwas anderes, allein im ganzen Weltall zu sein.

Er musste die Nachricht mit seiner eigenen Stimme aufnehmen. Es kostete ihn weniger als eine Minute. Er hatte sich die Worte im voraus zurechtgelegt, sogar das Timbre einstudiert. Und trotzdem wurde seine Stimme am Ende verräterisch dünn. »Ich habe beschlossen, dass es Zeit ist, komm her, damit wir uns verabschieden.« Es brauchte nicht viele Worte. Das Mädchen vom Amt half ihm, die Daten auszufüllen. Die Lokation des Empfängers war sogar für die neuen Kommunikationsmittel sehr weit entfernt, im Suborbit irgendeines Planeten, dessen Konfiguration aus Ziffern Kastor P. sich nie merken konnte. Er ist am Arsch der Welt, sagte er im Jargon des vorigen Jahrhunderts, der für das junge Mädchen schon unverständlich geworden war. Sie lächelte lieb und entgegnete, dass die schnellste Nachricht in zwei Wochen beim Empfänger ankommen würde. Früher einmal kamen die Briefe meines Vaters schneller an, lächelte er, in rund einer Woche.

Eigentlich hatte er alles im vorhinein berechnet. Zwei Wochen, bis das Telegramm seinen Sohn erreichte, eine Woche, in der der Sohn tobt, dass der Alte total übergeschnappt sei. Noch eine Woche, in der sein Zorn verfliegt und er unschlüssig ist. Dann die fünfte Woche der Entscheidung. Es folgen zwei Wochen, in denen er dringenden Urlaub beantragt, seine Sachen dort regelt und am Ende ein Monat und ein paar Zerquetschte für die Reise zur Erde.

Aber die drei Monate waren bereits vergangen, und von seinem Sohn kein Zeichen. Die letzten paar Tage ging er jeden Tag zum Amt, um nachzusehen, aber die sympathische Angestellte zuckte jedes Mal mitfühlend ihre spitzen Mädchenschultern.

Heute war der letzte Tag von Kastor P. Er hatte noch einige Stunden für die Straßen dieser Stadt. Dem Kalender nach sollte Frühling sein. Und die Kastanienbäume waren wirklich wie Sahnetorten geschmückt. Die weißen Dolden der Akazien schaukelten im Wind. Das Grün überflutete die ganze Straße, und trotzdem war nichts wie die einstigen Frühlinge. Überhaupt kein Duft entströmte den prächtigen Blüten ringsum. Kastor P. hatte ein Gedächtnis für die einstigen Düfte, und er erinnerte sich an alle erfolglosen Versuche, seinem Sohn, der bereits in eine Welt ohne Gerüche hineingeboren worden war, den Duft der Akazien zu beschreiben. Es ist unmöglich, einen Duft zu beschreiben, ohne ihn mit einem anderen zu vergleichen. Ja, die Akazie duftet wie Flieder, aber feiner. Nur dass der Flieder auch nicht mehr duftete.

Und die Bienen kamen nicht zu den Blüten. Es gab schon längst keine biologischen Bienen mehr. Vor vierzig Jahren begannen sie, auf mysteriöse Weise zu verschwinden. Manche behaupteten, dass die Funkwellen der Mobiltelefone ihre eigenen Kommunikationssignale durcheinanderbrachten, andere sagten, es sei ein neues aggressives Virus. Das Verschwinden der Bienen war das nächste Zeichen, dass die Dinge sich in keine gute Richtung entwickelten. Die Technologien entwickelten sich immer schneller, aber es gelang ihnen nur, bis zu einem gewissen Grad die Schäden zu reparieren, die sie selbst hervorriefen. Die Versuche von künstlicher Bestäubung allerorts und von genetischer Modifikation gewöhnlicher Fliegen zu Bienen steuerten auf einen totalen Misserfolg zu und offenbarten neue Risse in der Kette.

Sein ganzes Leben lang versuchte Kastor P., gegen wahnsinnige Projekte zu kämpfen. Ganz jung hatte er mit der Arbeit beim zu jener Zeit größten europäischen Teleskop begonnen, zu Beginn des Jahrhunderts – 42 m im Durchmesser. Er hatte sogar im weit zurückliegenden Jahr 2007 das kleinste schwarze Loch im Weltall entdeckt. Bis vor kurzem noch hatte er die Zeitungsausschnitte mit den sensationellen Schlagzeilen aufbewahrt. Es lag eine gewisse Ironie darin, das größte Teleskop dafür zu verwenden, das kleinste schwarze Loch zu finden. Später kam ihm diese Arbeit viel zu ruhig und langsam vor. Er trat einer radikalen Gruppe grüner Gelehrter bei. Sie versuchten zu zeigen, dass Biotreibstoffe keine Lösung sind. Sie warnten als erste davor, dass das Verschwinden der Bienen zu einer Apokalypse in der Biozönose führen würde. Niemand schenkte ihren Warnungen Beachtung.
Er setzte sich in den Schatten einer Silikonakazie. Alles ringsum bestätigte die ganze Reihe von Misserfolgen, die sein Leben ausmachten. Die Welt entwickelte sich in eine Richtung, die dem zuwiderlief, was er gewollt hatte. Er sah nach oben, sogar der Himmel sah aus, als hätte man ihn nach einer plastischen Operation ungeschickt zusammengenäht. Die riesigen gelben Flecken kamen von erfolglosen Versuchen, mit dem Einspritzen von Schwefelpartikeln in die Stratosphäre die Ozonlöcher zu stopfen. Das war die letzte Schlacht, die er verlor, der letzte Versuch, Widerstand zu leisten, er bewies, dass nach einer solchen Behandlung die Ozonschicht noch weiter ausdünnen würde. Jetzt wusste er, dass er recht gehabt hatte, und das ließ ihn noch finsterer werden.
Es war Zeit. Ihm blieben noch drei Stunden auf der Erde. Er wollte trotzdem gern zwei Abschiedsbriefe verfassen. Seit Jahren schon schrieb niemand mehr auf Papier. Nur gut, dass er sich ein leeres Notizbuch beiseite gelegt hatte und einen Bleistift. Absichtlich ließ er diese Sache, eher ein Ritual, für den

letzten Moment übrig. Immer noch hoffte er, sein Sohn würde irgendwoher auftauchen.
Zuerst beschloss er, den Brief an seinen Vater zu schreiben. Er schuldete ihm eine Verabschiedung mit fünfzig Jahren Verspätung. Er zögerte ein wenig wegen der Anrede, am Ende schrieb er nur »Papa«. Das Kratzgeräusch des harten Graphits auf dem Papier gefiel ihm. Und die Worte kamen unerwartet zugeströmt, so als hätten sie immer auf einen Bleistift und ein wenig Papier gewartet. Er erzählte, wie sich die Welt entwickelt hatte und wie glücklich er sich schätzen müsse, dass er gestorben war, bevor er all das sehen musste. Sein Vater gehörte zu den letzten echten Gärtnern, er liebte es, zu seinen Bäumen zu sprechen. Er hatte einen Tonfall für die Äpfel und Kirschen, einen anderen für die Birnen und Nussbäume. Er ging ruhig, ohne Maske, zu seinen Bienenstöcken hinein, plauderte auch mit ihnen. Das, was jetzt geschah, wäre seine persönliche Apokalypse gewesen. »Papa«, schrieb Kastor P., »es ist mir nicht gelungen, den Garten zu erhalten, die Bienen gibt es nicht mehr, aber der alte Nussbaum ganz hinten hält sich noch.« Ganz am Ende sagte er, dass er beschlossen habe – hier suchte er lang nach dem richtigen Wort – zu gehen. »Alles ist, wie es sein soll, mach Dir keine Gedanken, mein Sohn ist auch zurückgekommen«, schrieb Kastor P., »nicht wie ich, der es nicht geschafft hat, in Deiner letzten Stunde zurückzukehren. Vergib mir, Dein Kastor P. P.S.: Wenn sie das Jenseits nicht auch schon zunichtegemacht haben, werden wir uns sehen und nach Herzenslust aussprechen.« Es wurde ihm leichter ums Herz, er war sich bewusst, dass er mit seinem Vater zu Lebzeiten nie so lange gesprochen hatte.
Der Brief an seinen Sohn fiel ihm anfangs schwerer. Einige Male begann er von vorn, zerriss das Blatt und begann wieder. Er wollte nicht, dass irgendeine Kränkung, irgendeine Schwermut zu spüren wäre. Schließlich fing er auch für sich selbst un-

erwartet an. »Da ich in allem gescheitert bin, was ich in Angriff genommen habe, begann ich, mich in meinen letzten Jahren mit Fraktalen und der Chaostheorie zu beschäftigen. Ich beobachtete die Wolken und Flüsse, Bäume und Farne, soweit sie überlebt hatten. Durch diese Geometrie der Natur wollte ich sehen, wohin sich das wenige Überlebende hier auf der Erde entwickeln wird. Du weißt, dass ich nie volles Vertrauen in den Kosmos gehabt habe, auch nicht in seine Besiedlung, im Gegensatz zu Dir. Es zieht dort, es ist mir zu dunkel und zu kalt. Aber inzwischen ist es auch hier so. Was mein Großvater und mein Vater im Garten heranzogen und ich jetzt zu beschreiben versuche, gibt es nicht mehr. Und meine Geometrie der Natur ist sinnlos ohne sie selbst. Das wird Dich ärgern, aber ich denke weiterhin, dass wir ein wenig vorschnell waren mit dem Kosmos. Wir waren noch nicht ganz bereit. Vor sehr langer Zeit, als die Beduinen gemächlich die Wüsten durchstreiften, machten sie oft Rast, nicht nur um die Kamele ausruhen zu lassen, sondern um ihren Seelen die Zeit zu geben, sie einzuholen. Denn die Geschwindigkeit der Seele ist eine andere. Stell Dir vor, wie viele verlorene und verspätete Seelen, die die Karawane verpasst haben, jetzt durch die kosmische Wüste irren, ich kann ihr Weinen hören. Ich liege abends da, betrachte den Mond, wo ich in ein paar Stunden sein werde. Weißt Du, aus welcher Materie der Kosmos gemacht ist? Er ist aus Einsamkeit gemacht. Das ist die Materie. Und Einsamkeit ist ein klebriger Stoff, der danach strebt, den ganzen Raum um sich herum auszufüllen.

Mein Großvater, Dein Urgroßvater, lebte in dem Haus, das er selbst gebaut hatte, arbeitete in seinem Garten, und der am weitesten entfernte Ort, an den er gelangte, war der Wald hinter dem Dorf. Und seine Einsamkeit war so groß wie sein Haus und sein kleiner Garten. Die Einsamkeit meines Vaters war so groß wie die Wohnung und die Stadt, in die er ging, um dort zu leben. Mein Großvater sagte, mein Vater sei in die Stadt ›geflüchtet‹. Später ›flüchtete‹ ich aus der Stadt in ein anderes Land, und jetzt bist Du irgendwohin in den Kosmos geflüchtet. Ich frage mich abends, wie Deine Einsamkeit ist, ob sie die Ausmaße des Weltalls hat, ist sie leichter und verdünnter? Wie groß ist ihre Eigenmasse und wie wirkt sich die Gravitation auf sie aus?

Früher einmal war die Einsamkeit konzentrierter und kleiner, man konnte sie zähmen, sie wie eine Katze streicheln. Jetzt komme ich nicht mehr mit den kosmischen Dimensionen zurecht. Ich werde die Fraktalgeometrie der Einsamkeit, die ich begonnen habe, nicht zu Ende bringen, ich kann sie nicht in einer Gleichung fassen, sie determinieren … Da, siehst Du, ich bin alt geworden, ich habe begonnen, mich zu beklagen und wie mein Vater und mein Großvater zu werden. Und es ist Zeit, dass ich zu ihnen nach Hause gehe. Lass Dein Herz nicht schwermütig werden, weil Du zu spät gekommen bist, für mich reicht es zu wissen, dass Du aufgebrochen bist. Und dass ich es nicht vergesse: Wenn Du kommst und diese Briefe vom Amt holst, dann wende dich nicht so schnell von dem Mädchen ab, das sie Dir überreichen wird. Sprich ein wenig mit ihr, lade sie ein, etwas zu meinem Andenken zu trinken.«

Kastor P. streichelte das vollgeschriebene Blatt und faltete es. Er hatte sich von all seinen Verwandten und Freunden im Weltall verabschiedet. Er machte sich langsam auf den Weg zum Amt, um die Briefe zu hinterlegen. Er betrachtete irgendwie befremdet den entgegenkommenden Strom von Menschen, die am frühen Abend aus dem Haus gegangen waren. Er ging an ein paar Angelina Jolies und Brad Pitts vorbei, die bereits unwiderruflich begonnen hatten, vorzeitig zu altern. Billige Klone, wahrscheinlich Raubkopien aus Zellen von Doppelgängern, um jemandes Launen zu befriedigen. Und jetzt mussten sie

ihr Leben lang diese Körper tragen, die schon lange aus der Mode waren.
Gott sei Dank glich das Mädchen im Amt sich selbst. Bevor er eintrat, blieb Kastor P. ein wenig draußen stehen, erblickte aus dem Augenwinkel die diskrete Kapsel, die ihn auf den neuen Friedhof auf dem Mond bringen würde.
Während sie die Abschiedsbriefe entgegennahm, umarmte ihn das Mädchen unerwartet, nur für eine Sekunde. Das war bestimmt nicht Teil ihrer Verpflichtungen.
»Er wird dieser Tage kommen, dass Sie es wissen …«
»Ich bin mir sicher«, sagte er.

Draußen hatte es schon begonnen zu dämmern, und das weiche phosphorne Leuchten, das Kastor P. von klein auf so gut kannte, näherte sich ihm immer mehr.
Und alles wurde Mond.

Editorische Nachbemerkung

Manche dieser Geschichten haben ihre eigene Geschichte.
Die Erzählung »Und alles wurde Mond« wurde geschrieben für die Weltraum-Anthologie *Espace(s). Fictions européennes* (Paris, 2008), geplant und herausgegeben vom Centre national d'études spatiales (CNES). Zwei Jahre später wurde dieselbe Erzählung für die amerikanische Anthologie *Best European Fiction 2010* ausgewählt.
»Tee aus Kirschen« erschien zuerst in der britischen Anthologie *So What Kept You?* (Flambard Press / New Writing North). Es wurden 14 Schriftsteller aus den USA, aus Großbritannien und Osteuropa eingeladen, nicht zu Ende geschriebene Fragmente aus den Notizbüchern Tschechows und Raymond Carvers weiterzuentwickeln. Der Sammelband hat ein Vorwort der Schriftstellerin Tess Gallagher, der Witwe Carvers.
»Vor dem Hotel ›Bulgaria‹« war die Antwort auf eine von Theater und Festival in Nottingham gestellte Aufgabe – einen Monolog zu schreiben, der mit einem konkreten Punkt in der Stadt in Zusammenhang steht. Und ihn dann an einem ähnlichen Ort in einer anderen Stadt zu hören. Einige Monate lang konnte man die Geschichte auf Englisch im Foyer des zentralen Hotels in Nottingham hören.
Ein Teil der Erzählungen des Buches wurden während des Herbsts und Winters 2012 in einem Kapuzinerkloster in der Schweiz geschrieben, auf Einladung der Schweizer Kulturstiftung Landis & Gyr. Dort und damals wurde das Buch abgeschlossen.

Inhalt

Umschlag: &Co www.und-co.at
unter Verwendung eines Sujets © FreeImages.com/Jozsef Szoke
Layout und Satz: AD
Herstellung: Theiss

MIX
Papier aus verantwortungsvollen Quellen
FSC® C012536

ISBN: 978-3-85420-948-5

Literaturverlag Droschl A-8043 Graz Stenggstraße 33
www.droschl.com